Cartas sin remitente

Temporada uno

ANDREA SARMIENTO

Cartas sin remitente

Temporada uno

Bogotá, diciembre de 2020

ISBN: 978-958-49-1009-7

www.cartassinremitente.com

Instagram: @cartas.sin.remitente.as

Diagramación y armada electrónica

Éditer Comunicaciones Gráficas

ctovarleon@gmail.com / www.editerestrategias.org

+57 3102488564

Portada e ilustraciones: Yuseph Zapata / instagram: @ 3stripescomics

Corrección ortotipográfica: Arturo Villarreal H. / +57 320 5422923

Impresión: Editorial Gente Nueva

Impreso en Colombia / Printed in Colombia

Contenido

A Pita y Brown. Mi muro de contención contra avalanchas y patrocinadores oficiales de mis locuras.

A Rosi, Juli y Anita que me hicieron creer que eso que escribía, valía la pena compartirlo.

Agradecimientos

Gracias a Camila que me levantó de la silla y a Margarita que me enseñó los pasos en esta gozadera que es escribir. También a todas las mujeres que han tenido la valentía de pararse en la pista y animarnos a bailar con ellas.

(...) pues es entonces cuando comienza la libertad mental o, mejor dicho, la posibilidad de que, con el paso del tiempo, la mente pueda gozar de la libertad para escribir lo que se le antoje.

Virginia Woolf

Prólogo

"El prólogo es muy importante" —Me dice el editor. Entro en pánico porque ni siquiera sé qué es un prólogo. ¿Y eso con qué se come? ¿Pa´qué sirve? Investigo. Entiendo que es algo que escribe alguien más de mi libro. Sirve como introducción y para poner un fragmento en la contraportada, así la gente se antoja de leerlo. Vuelvo a entrar en pánico. No sé a quién decirle. Me da pena ¿Quién se va a exponer a escribir acerca de esto?

Hasta hace unos pocos meses usaba los libros como somnífero en las noches. Eso me volvió adicta a la lectura desde que era una adolescente, sin embargo, nunca me ayudó con la ortografía. Escribía en mis diarios, como una niña de tercero de primaria, a mis treinta. Sin tildes ni puntuación. No era necesario porque nadie lo leía. A nivel laboral tampoco tenía lío gracias al auto corrector. Sin embargo, un día le compartí la primera carta de este libro a mi prima. Me dijo: “Necesito compartir esta carta ya. Súbelo a algún lado”. Y así arrancó este proyecto.

Siempre había escrito. Tenía diarios desde los doce años, pero nunca me había atrevido a compartir nada.

Pero este año pasó algo. No supe que se activó en mí. Una energía muy potente me sentó por horas frente al cuaderno, a escribir lo que sentía, acerca de mi vida y de las anécdotas que había escuchado entre mi familia. Quería escribir y seguir escribiendo. Y así lo hice. Hoy entiendo perfectamente qué pasó y lo que me llevó a escribir de esa forma desaforada.

Virginia Woolf plantea en su ensayo: Una habitación propia, que las mujeres necesitamos tener libertad intelectual para entrar en el mundo de la literatura. Después de una investigación acerca de las mujeres y la literatura, llegó a la conclusión que las mujeres necesitábamos una habitación propia y los recursos suficientes para poder dedicarnos a leer y escribir: "La libertad intelectual depende de cuestiones materiales". En mi caso la habitación propia y el dinero estaban. Y aun así no tenía esa tan anhelada libertad intelectual, por una cuestión material: el aspecto y contextura de mi cuerpo. Había metido mi mente en una jaula con unos barrotes gruesos y pesados que se llamaban: culpa y vergüenza. Todo lo que ella tenía por entregar se perdía entre las preocupaciones de los kilos y las medidas que "tenía que perder". En el cómo, cuándo y qué hacer para modificar este cuerpo que creía "imperfecto".

Ya había mandado a la porra las dietas, las medidas, la pesa y las calorías. No estaba dispuesta a seguir sufriendo cada vez que me sentaba frente a un plato de comida. Sin embargo, las conversaciones internas continuaban: "No eres suficiente", "Estás gorda", "Tiene que haber una forma de bajar de peso", "no puedo simplemente no hacer nada con este cuerpo". Miraba al espejo y no me gustaba lo que veía. Me sentía culpable cada vez que comía algo rico. Pensaba en todo lo que "no tenía" debido a este cuerpo que me avergonzaba. Hasta que me encontré con el libro *Yo debería ser flaca*. Me lo devoré. Ese libro me abrió una puerta que no sabía que existía. Un mundo en donde no había cuerpos perfectos y en donde una mujer podía vivir feliz, sin tener que cumplir con ningún estándar de belleza. Ese extraño lugar me atrapó. Comencé a explorarlo y enamorarme de él.

Enfrenté mis temores. Lloré. Pataleé. Y me liberé. El esfero comenzó a moverse muy rápidamente sobre páginas vacías. Un flujo imparable de sentimientos y vivencias comenzaron a plasmarse en el papel y en ese momento me di cuenta de que, toda mi vida había tenido presas mis ideas, mis sentimientos, mi imaginación y mis historias. Esa libertad intelectual llegó cuando abrí la puerta de esa jaula mental que me había autoimpuesto. Por instinto propio mi mente salió corriendo a escribir todo lo que se había guardado durante tantos años.

Hoy sé que esa era la fuerza potente que sentía. Siempre había estado ahí, esperando a que recorriera el camino de la aceptación y compasión para invertir esa energía en algo que realmente me apasionara. Esa fuerza permeó todas las áreas de mi vida. Cito nuevamente a esta visionaria mujer que nos dio una ruta muy clara para seguir: "tendrás que iluminar sobre todo tu propia alma, sus profundidades y su superficie, sus vanidades y su generosidad y decir que significa para ti tu belleza o tu fealdad, y cuál es tu relación con ese mundo". Y como si la escritura hubiese llegado a mi vida a hacer exactamente eso que Virginia Woolf decía, comencé a cuestionarme acerca de conceptos como la soledad, la incertidumbre, las injusticias, mi cuerpo, mi vida amorosa entre muchas otras reflexiones que encontrarán a continuación.

Aquí encontrarán reflexiones acerca de lo que he vivido. Unas cartas que se le escriben a la nada. Cartas sin remitente, porque tan corto es aún mi vocabulario que cuando elegí el nombre, creí erróneamente, que el remitente era el que recibía la carta. Cartas que están dirigidas a conceptos y situaciones que he vivido y que espero sirvan como fuente de diversión, contemplación y reflexión para quienes se sientan identificados con lo que aquí encontrarán.

Tortuosa y linda incertidumbre

¡Dios!

¿Por dónde empezar contigo?

No sé por dónde cogerte. Por dónde comenzar ni qué decir.

Comienzo por lo básico: no hay sentimiento más horrible que tú. Pero desafortunadamente, estás siempre aquí. Eres ese miedo constante de no saber qué va a pasar.

Estás en todas las áreas de mi vida, sobre todo en mi lado más débil, bien sabes cuál es.

Eres desgastante en exceso. Peor aún con todo este tema del Covid 19.

Hoy eres enorme y te veo a diario. No solo en mis días, también en los días de las personas que me rodean. Y yo, que sé muy bien lo que es sentirte, no quiero imaginar lo que están sintiendo todas esas personas que te tienen 24/7 en sus vidas. Debido a todos los cambios y reveses que esta pandemia ha generado.

Lo increíble es que sabes habitar perfectamente cualquier situación, momento y contexto. Apareces con las acciones más simples como enviar un mensaje de texto, hasta las más profundas como hacer un giro en la vida profesional.

Estás ahí, al escuchar noticias.

Estás ahí, al ver videos de conspiración con mi papá.

Estás ahí, al subir un blog con cartas escritas a la nada.

Estás ahí, al tener que decidir si debo o no volver a mi apartamento.

Esta pandemia se convirtió en una estadía de largo plazo en tu morada, que tanto evito.

Ahora constantemente salto de un pensamiento a otro, y mis días se resumen en:

—Dios, voy tarde para la reunión de las 8:00 a.m.

—¡Ay! tengo que comprar más frutas, estoy comiendo mucho pan.

—¿Dónde dejé el tapabocas? ¿Será que si no lo lavé ayer es muy grave si me lo pongo hoy?

—¿Y si mando todo a la mierda y salgo corriendo a ver a mis amigos?

—¿Para qué putas le escribo cartas a conceptos y sentimientos? ¿Será que esta cuarentena me está enloqueciendo?

—¡Jueputa, se me olvidó conectarme al descubrimiento del género del bebé de mi mejor amiga!

—Tengo dolor en la garganta. ¡Tengo Covid!

—Son las 4:30 p.m. y no he almorzado; pero es que tampoco tengo hambre, porque desayuné a las 12 m.

—¿Será que sí nos quieren meter un chip en la vacuna del Covid para controlarnos?

—No puedo demorarme agendando estas reuniones. Porque ya va a comenzar Analía y ¡está buenísima!

Y así, mis días son un completo desorden porque tú, incertidumbre, estás jugando con mi vida, mis tiempos, mis días y, sobre todo, con mi cabeza.

Es como darle el control de mi vida a un adolescente que está experimentando con las drogas y el sexo sin protección. Todo puede salir mal o simplemente volver a la situación en la que estaba. Pero mejorar, difícil. Sin embargo, siempre vuelvo a mi centro gracias a esas mujeres a las que escucho y que me escuchan. Me ayudan a tomar nuevamente las riendas de mi vida y me sacan de mi desorden mental. Como Camila Serna que alguna vez me dijo: "Tienes que aprender a vivir con la incertidumbre".

La verdad es que no es fácil, pero me estoy dando cuenta de que siempre has estado ahí. Así como el famoso tapabocas genera una falsa sensación de seguridad. Esta pandemia simplemente está evidenciando la falsa seguridad que nos daba la situación en la que vivíamos antes de que este virus nos pusiera la vida patas arriba.

Creíamos que estábamos seguros. Que nada raro iba a pasar. Planeábamos viajes a seis meses. Nos endeudábamos y aceptábamos tarjetas de crédito con cupos enormes. Nos comprometíamos y hacíamos planes para el año entrante, como si tuviéramos la vida garantizada, ingresos fijos y seguros de aquí a veinte años. Y como si este mundo no cambiara.

Dejábamos el almuerzo con la abuelita siempre para la siguiente semana. La cerveza con los amigos para un fin de semana sin tantos compromisos. Hacer plan con los sobrinos para un fin de semana con mejor clima. Y la tarde de chicas para "cuando tengamos que hacernos las uñas". Y así se nos va la vida. Creyendo que todo lo tenemos garantizado. Que la abuelita, los amigos, los sobrinos y las chicas siempre estarán ahí. Que la idea del proyecto al que tantas vueltas le hemos dado, tendrá un mejor momento para ser lanzado. Y que nuestra vida nunca cambiará. Mientras tanto este adolescente llamado incertidumbre, drogado y con la libido al tope, se burla de nosotros mientras hace lo que quiere con nuestra vida.

Para mí esta pandemia se convirtió en un despertador. Que como todos los despertadores es incómodo, nos saca la piedra, y muchas veces nos asusta, pero que es necesario. Es un despertador de la vida que nos recordó que nuestros seres queridos se pueden ir en cualquier momento; que nuestra estabilidad profesional no está garantizada y que por más que uno planea las cosas pueden no salir.

Lo más importante: que esta situación es constante en todos los contextos y durante toda la vida. Que la incertidumbre está presente siempre y que tenemos que aprender a lidiar con ella. Con sus locuras, consecuencias, cambios y reveses.

Porque "ajá", como dirían muchos de mis amigos costeños. Porque así es la vida. Porque la incertidumbre nos acompaña y nosotros seguimos queriendo controlarlo todo. Aprendiendo técnicas, bajando aplicaciones, estructurando rutinas y tomando decisiones, para darnos cuenta de que todo cambió.

Más nos vale irnos acostumbrando. Sobre todo, ir entendiendo que debemos ser flexibles. Que debemos aprender a navegar los cambios, las decisiones y la vida en general. Aceptar y hacer las paces con esta linda incertidumbre que nos obliga a vivir el hoy. A no postergar. A lanzarnos al agua, y a priorizar lo realmente importante.

Dejé de huirle a la soledad

Hola soledad. Así como en el bolero, hoy te saludo. Después de mucho darle vueltas a tu presencia en mi vida y sobre todo en esta cuarentena, que me ha dado el espacio propicio de introspección, acepto que te he evitado durante gran parte de mi vida adulta.

Sí, te he evitado, por más que me persigues en estos tiempos de pandemia. Nos hemos encontrado varias veces y te tengo que confesar que te tenía mucho miedo; es más, podría decir que aversión. No puedo decir que estoy sola, pues paso la cuarentena con mis papás. Tampoco puedo decir que he estado sola en mi vida, pues tengo amigos, amigas y familia que me quieren y acompañan. Tampoco sería justo decir que en el mundo del romance he estado sola; sin embargo, es en esta área de mi vida en donde te he sentido más cerca y donde más te esquivo.

Quiero que entiendas por qué lo hacía, y de dónde viene mi miedo. Siempre me vendieron una imagen negativa tuya. Déjame decirte que, en este mundo de consumismo y redes sociales, no tienes muy buena fama. Y cuando yo era pequeña, tampoco la tuviste. Muchas veces escuché: "Las personas malas, se quedan solas". Como si tú, soledad, fueras una especie de castigo en cualquier aspecto de la vida de una persona, sobre todo en el de las relaciones de pareja. Siempre me vendieron la idea de que una mujer sola en este terreno era sospechosa, posiblemente "mala o insuficiente" en algún sentido, más aún si era bonita, agradable e inteligente.

Cuando era pequeña, todas las "malas" de las películas de Disney eran solteras, y ya cuando crecí las personas decían, "algo malo debe tener", refiriéndose a las mujeres que después de cierta edad no tenían pareja. Por supuesto, nunca quise ser "esa mujer". Te evadía, y mientras más me escondía, más cerca estabas. Me refugiaba en conversaciones de WhatsApp, en aplicaciones como Tinder, en personas que no me convenían y en dinámicas tóxicas, simplemente para no generar esas sospechas, para evitar ser "esa mujer", de la cual se habla a sus espaldas; que grandes grupos de la sociedad consideran "fracasada" por el simple hecho de no tener un hombre al lado. Como si este hecho validara qué tanto valor tiene o no tiene esa mujer. Sí, yo sé que parece extraño, pero en ese contexto crecí y maduré.

¿Y sabes qué? Es muy doloroso para quienes estamos en ese estado de "soltería". Es doloroso que una sociedad considere a una persona insuficiente, simplemente porque no tiene otra persona a su lado. Más doloroso aún, es que muchas compramos esa idea, y que muchas de nosotras, las "solteras", nos sentimos avergonzadas. Sentimos que algo nos falta; que no somos suficiente; porque según esos estatutos sociales, que nos vendieron, y que lastimosamente algunas compramos, creemos que parte de nuestro valor está dictado por la atención y atracción que generemos en los hombres.

Y esto viene de muy atrás. Cuando era pequeña, era fanática de las películas de Disney, las amaba, y hoy las sigo amando. Sin embargo, las vi con un criterio muy inmaduro, y una capacidad de cuestionamiento muy poco desarrollada; desafortunadamente veía esas historias con el anhelo de que algún día seria como Bella, Ariel o Aurora, entre otras princesas que se caracterizaban por su belleza, armoniosa voz, suavidad, gentileza, completa y absoluta inocencia. Con un príncipe, que las protegía de todos los males del mundo. Tengo que decir que afortunadamente hoy en día las historias y personajes han cambiado, pero te cuento mi experiencia personal.

En mi niñez, esas películas tenían un final feliz. Y, ¿sabes cuál era? El final feliz era cuando la princesa se casaba con el príncipe, después de ser rescatada, salvada o protegida por él. Ahí terminaba la película, y simplemente me dejaban un "Fueron felices por siempre".

Con el criterio que hoy tengo y que he ganado con la vida, me pregunto: ¿Cómo habrá sido la convivencia de Blanca Nieves con el príncipe azul, si no se conocían? Tal vez ella hubiese preferido quedarse con sus siete enanitos siendo ama de casa. O tal vez hubiera preferido ir a atender las labores de ese reino de su padre, que había quedado sin dirección gracias a la muerte de la Reina Malvada. También me hubiera encantado saber ¿Cómo le fue a la sirenita adaptándose a su nueva vida? Ahora con pies permanentes, lejos de su familia y viviendo en un mundo que no conocía. Quisiera entender, por otro lado, si de pronto, Bella hubiera preferido no ser secuestrada por su futuro príncipe en forma de bestia. Así supiese que después del secuestro, se iba a enamorar, y que esa bestia furiosa se iba a convertir en un príncipe guapísimo.

Por otro lado, esas películas también me presentaban personajes sombríos, malos y muy poderosos: Úrsula, Maléfica y la Reina Malvada. Mujeres adultas, solteras o viudas, y poco atractivas. Quienes, durante gran parte de la película, conseguían lo que se proponían; no necesitaban validación de nadie para conseguir sus objetivos, y tampoco necesitaban un defensor, protector o salvador.

Viéndolas en retrospectiva estos personajes me parecen mucho más chéveres. Es más, me identifico mucho más con su personalidad, actitudes y forma de ser; y si hoy en día alguien me pregunta, ellas se acercan mucho más a lo que quisiera ser: "cuando sea grande". Pero, como me las mostraron como las malas de la película, siendo una niña claramente no las veía como un ejemplo a seguir. Además de recibir el mensaje de que esas actitudes y comportamientos tenían "castigos", y siempre terminaban mal. Gracias a ese príncipe que llegaba a "salvar" a su hermosa princesa.

Suena tonto decirlo, querida soledad, pero increíblemente hasta ahora reflexiono acerca de esto. Hasta ahora, que me siento en capacidad de mirarte a la cara y hablar contigo. Hoy en día sé que la vida real no es como me la contaron en esas películas de Disney. Que casarse muchas veces no es un "final feliz". Entiendo que afortunadamente tampoco es un final. He visto a mi alrededor que, en la mayoría de los casos, cuando una pareja de novios se casa sin darse el tiempo para conocerse; o en donde alguno de los dos deja su vida, amigos y familia atrás por este matrimonio; o que cualquiera de los dos acepta el maltrato y encierro con esperanzas de que esto en algún momento va a cambiar. Termina mal. El matrimonio generalmente termina con mucho dolor, rabia y desesperanza. En el peor de los casos, en donde el maltrato ha sido aceptado, desafortunadamente existe un "final NO feliz" de alguna de las dos vidas; en la mayoría de los casos es el final de la mujer de la pareja.

En cambio, vemos el ejemplo en la vida real de algunas mujeres que cumplen con las características de las "malas" de las películas de Disney. Mujeres que no cumplen con los estándares de belleza que nos impusieron; que no necesariamente se les podría considerar inocentes, de personalidad suave y gentiles. Y resultan siendo personas mucho más interesantes, exitosas e impactantes. Mujeres que no sacrifican sus valores, vida, amigos y familia por una pareja, por ese famoso y sobre valorado "Final feliz".

Me encuentro con mujeres que se trazan objetivos y los cumplen. Que precisamente por desplegar esta cantidad de actitudes, contrarias al "deber ser de una mujer", logran cambiar paradigmas, conceptos, imaginarios colectivos y estéticas socialmente aceptadas. Entregándonos a todas las mujeres espectros mucho más amplios y diversos de lo que puede ser considerada una mujer bonita, exitosa e inteligente. Entre muchos otros conceptos, como el valor que se le asigna a una mujer por su "estado sentimental".

Y entonces, ¿Será que todo lo teníamos al revés? Hoy me pregunto frente a ti: ¿Será que no eres tan mala como te pintaron? ¿Será que mi valor no depende de que tan cerca o lejos me encuentre de esos estándares de belleza? ¿Será que si no genero tanta atención o atracción entre los hombres sigo siendo suficiente? ¿Será que no debería sentirme avergonzada por estar soltera a los treinta y dos años? ¿Será que el ser soltera, no tiene un significado diferente a ese: que simplemente no tengo pareja?

Ahora, volviendo a ti. Ahora sí, mi querida soledad. Porque ahora sí te quiero. En el contexto de una cuarentena de casi tres meses. Después de escuchar a esas Úrsulas y Maléficas de la vida real, que me han llevado a reflexionar acerca de mis creencias, conceptos, juicios hacia el mundo, pero, sobre todo, juicios hacia mí, te veo con otros ojos. Después de tenerte miedo durante tantos años; de evitarte a toda costa; de esconderme de ti buscando escondites afuera, tratando de llenar esos espacios en donde te sentía cerca. Hoy entiendo que eres un privilegio, como bien lo dice una de mis "Maléficas" favoritas, Vanesa Rosales. Entiendo que eres la puerta a ese mundo interior que no había querido explorar. Gracias a ti, soledad, me he conocido, me he cuestionado, me he aceptado y también he aprendido a amarme.

Hoy entiendo, que me das alas para volar en mi mundo interior inexplorado. Para reflexionar acerca de mis creencias. Para pensar acerca de lo que me genera dolor, incertidumbre y vergüenza. También acerca de todo aquello que amo, que me llena de alegría y que anhelo en mi vida. Durante este viaje, me doy cuenta de que eres mi única compañera y que, extrañamente, no me siento sola. No siento el vacío que muchas veces sentí, con un hombre sentado a mi lado; con un mensaje de texto; o con una llamada de esos personajes en los que busqué tantas veces alejarme de ti. Gracias a ti, y a esta cuarentena, sé que no hay mejor compañía que la de uno mismo, que no hay nada más gratificante que amarse, aceptarse y entenderse. Que tu presencia es un regalo, que por fin he logrado apreciar, gracias a estos días de pandemia.

Bye!
90-60-90

Despedida al cuerpo soñado

Querido cuerpo soñado. Hoy me despido de ti.

Me despido de la idea de verme en el espejo y encontrarme contigo.

Me despido de las creencias que tenía. Creencias como:

Que el llegar a ese cuerpo soñado me iba a quitar este sentimiento de vergüenza que sentí frente al espejo durante muchos años.

Me despido de ti y de la idea de que contigo valgo más de lo que valgo hoy en día.

Me despido de ti y de la idea de que, teniéndote, me voy a merecer la relación en pareja que quiero.

Me despido de ti y de la idea de que contigo soy más atractiva de lo que soy en este momento.

Me despido de ti y de toda la culpa, decepción y vergüenza que me ha generado no tenerte durante tanto tiempo.

Y contigo dejo atrás la idea de que debo encajar en un molde para ser aceptada, respetada y amada. También dejo atrás todos los comentarios, rechazos y burlas que recibí en el pasado por no cumplir las expectativas de los que me rodeaban, y de una sociedad que siempre me hizo sentir insuficiente, por no cumplir con ese molde tan alabado hoy en día.

También te libero de todas las cargas y culpas que puse sobre tus hombros. Ya que hoy sé que tenerte no me va a hacer mejor mujer. Ya sé que teniéndote no seré más saludable o atractiva. Hoy entiendo que nunca tuviste ese poder ilimitado que yo misma te adjudiqué, de darle un giro a mi vida en esas áreas que me generaban frustración.

Querido cuerpo soñado. Hoy me despido porque sé que el cuerpo que tengo hoy en día es el cuerpo que me corresponde. Es el cuerpo con el que disfruto la vida. Con el que me siento saludable. Con el que me debo enfrentar a todos mis miedos y frustraciones.

Pues este es el cuerpo del que he decidido enamorarme.

Porque este, es el cuerpo que me ha llevado a vivir y visitar lugares hermosos.

Este es el cuerpo que me ha permitido experimentar y vivir todos aquellos espectaculares e inolvidables momentos.

Este es el cuerpo que se ha sanado de enfermedades que muchos médicos llamaron “incurables”.

Y este también es el cuerpo que se ha mantenido sano y fuerte, a pesar de todo el odio, rabia y rechazo que sentí por él.

Por no parecerse a ti, un cuerpo soñado que me impusieron. Un cuerpo soñado con el que me hicieron creer que solo con él podría cumplir mis sueños. Sin darme cuenta de que todos los sueños que hoy he cumplido han sido gracias a este cuerpo.

Y por estas razones y todas las que me quedan por escribir. Hoy te doy las gracias por las lecciones que me diste. Y te dejo ir. Me despido de ti y entiendo que ya no te necesito en mi vida. Pues este cuerpo es absolutamente todo lo que necesito para seguir.

Ella

Me niego a utilizar toda esta ira y reflexión en siete personas llenas de salvajismo, ignorancia y soberbia. Estas palabras se las quiero dedicar a ella, a la niña que representa todo lo lindo que existe en este país.

Sí, todos somos valientes en redes sociales, cuando pasa un horror como éste. Creemos que compartiendo una imagen en redes sociales o escribiendo una carta como la que leerán a continuación, estamos haciendo suficiente. Yo soy la primera en aceptar que no. No es suficiente.

Pues este tipo de cosas pasan porque como sociedad no hemos aprendido a valorar, aceptar y respetar lo nuestro. Todo aquello que ella representa, todo lo que fue violentado, al violentarla a ella. Y que hoy en día, así como ella, está luchando por su estabilidad.

Sin embargo, seguimos creyendo que es culpa de ella, de su mamá, de su comunidad o de lo que sea, menos de los violadores. Es absurdo que hoy en día sigamos echándole la culpa a la víctima de estos crímenes. Ya comenzaron a rondar cadenas de WhatsApp en donde se trata de invalidar el crimen, por razones y argumentos sin sentido. Tristemente muchas personas, desde los menos informados hasta personas brillantes, privilegiadas y letradas, comparten estas cadenas sin siquiera revisar la fuente, o ponerle un poco de sentido común. Este entre muchos otros ejemplos que dan claridad de la forma a la que respondemos como sociedad a un acto tan atroz como el que cometieron algunos miembros de la fuerza pública, con una niña perteneciente a la comunidad Embera-Chamí.

Ella es una niña que nos representa a todas las mujeres, y que nos debería doler a todos.

Es aquí donde debemos hablar de la equidad de género, y de las brechas que aún existen. La sociedad colombiana en su totalidad debería estar involucrada, y luchar para que cada vez más, esas brechas sean menores.

Ustedes señores, son una parte activa, muy importante de la sociedad. Y es necesario que ustedes se unan a este proceso de reducción de brechas entre los géneros. Hombres de izquierda y derecha. Homosexuales y heterosexuales. *Baby Boomers*, generación X, generación Y, generación Z. Carnívoros y veganos. *Cisgénero, queer* y *trans*. Todos y de todas las orillas. Deben involucrarse en este proceso y promover la equidad de género. Pues esas brechas que posiblemente hoy no ven, representadas en comportamientos, ideas, actitudes y "normas" establecidas, nos están haciendo daño a hombres y mujeres por igual. Y permiten que actos como estos sigan sucediendo.

Ahora, nosotras mismas también los hemos permitido. Pues nos opacamos, nos maltratamos y permitimos que lo hagan a otras mujeres que por cualquier motivo no consideramos "iguales" a nosotras. Nos criticamos. Hablamos a las espaldas unas de las otras. Nos hacemos zancadilla constantemente. Pues nos enseñaron que teníamos que competir, que una mujer que está a mi lado no puede ser más bonita, inteligente, talentosa y exitosa que yo. Entre muchas otras creencias sin sentido. Y por eso es que nos echamos tierra sin entender que en la medida en que una de nosotras es maltratada, todas somos maltratadas, y así mismo, en la medida en que una de nosotras brilla, todas brillamos.

Así como ella, estamos llenas de magia. Con nuestra sabiduría interior y nuestra intuición, vemos y sentimos lo que ellos no pueden ver y sentir. Amamos profundamente. Somos conciliadoras. Sacamos adelante familias que, como la mamá de ella, está sacando adelante cinco hijos. Llenamos de arte, belleza y compasión este país.

Sabemos que no hay nada más liberador que una tarde entre amigas. Que no hay nada más reconfortante que una conversación con nuestra mamá. O que no hay nada más energizante que las palabras de reconocimiento de una hermana.

Si nosotras nos amamos, nos acompañamos, nos defendemos, nos apoyamos, nos aceptamos y nos respetamos en medio de nuestras diferencias, vamos a brillar. En esa medida, vamos a potencializar todas esas características que nos hacen únicas y que con seguridad le darán equilibrio y sensatez a la sociedad en la que hoy vivimos.

En una sociedad más equilibrada, consciente y sensata, niñas como ella vivirán en comunidades donde las mujeres se apoyan, se quieren y se cuidan entre sí.

Ella también representa a todas las comunidades indígenas. Primeros habitantes de esta hermosa tierra. Quienes fueron explotados, esclavizados y sometidos desde el momento en que colonizaron su territorio. Y así como dice una de las mujeres que más admiro, Diana Uribe: "Hace mucho nos independizamos, pero no nos hemos descolonizado".

Seguimos viviendo en una sociedad que mantiene las jerarquías que nos impusieron hace muchos años. Seguimos aceptando el término "indio" como un vocablo peyorativo. Seguimos esclavizando y sometiendo a las comunidades indígenas a través de la falta de oportunidades, pobreza y vulnerabilidad. Irrespetamos sus territorios, su cultura y sus creencias. Y por ende su gente. Ellas, las comunidades indígenas, en su inmensa sabiduría siguen ahí, protegiendo la riqueza y biodiversidad que aún tenemos. Aman los ríos, los animales, las plantas, la tierra, el aire y en general toda la naturaleza, la cual habitan y respetan. Pues reconocen que sin ella no podríamos existir, ni ellos, ni nosotros, a quienes nos llaman cariñosamente "hermanos menores".

Mientras tanto, nosotros seguimos consumiendo y explotando los recursos naturales de este territorio, como si en algún momento pudiéramos botarlo a la basura, y comprar uno nuevo. Tanta parafernalia de la ONU y discursos vacíos del Presidente, acerca de los objetivos de desarrollo sostenible, en vez de buscar herramientas y recursos para aprender de esas comunidades indígenas acerca del respeto y cuidado de la naturaleza.

Cuando dejemos de ver a las comunidades indígenas, como ciudadanos de segunda categoría.

Cuando respetemos sus creencias, su sabiduría, sus conocimientos, su espiritualidad y sus territorios. Cuando aprendamos de ellos y les entreguemos nuestra mente abierta a todo lo que nos pueden enseñar, acerca del cuidado de la tierra.

En ese momento viviremos en una sociedad mucho más diversa, sabia, respetuosa, abundante y empática.

En una sociedad que acepta la diversidad y que entiende que en la diversidad no existen jerarquías. No pasan este tipo de actos. Y no solo ella, sino todas las niñas de ésta y otras comunidades, serán respetadas, amadas y aceptadas como cualquier otra niña que habita en Colombia.

Ella también representa el mundo del arte y la artesanía. Tan abundante y lleno de belleza. Que tenemos en este país. Mientras hacemos filas en centros comerciales, comprando baratijas, que no duran más de dos fiestas. No apoyamos, ni valoramos las obras de arte que hacen los artesanos de nuestras regiones.

La comunidad indígena a la que ella pertenece. La comunidad Emberá-Chamí. Teje piezas como collares y pulseras entre otros accesorios. Dignos de exposición, y que podrían ser considerados obras de arte. Pues son piezas únicas, hechas a mano, con una técnica propia de esta comunidad. Por mencionar uno de tantos hermosos ejemplos de artesanías que tenemos.

Mientras nosotros nos extasiamos escuchando música de Bruno Mars y de Beyonce. Nuestra música autóctona está desapareciendo. Todos esos instrumentos que imitan el silbido de las aves, o los latidos del corazón, que nos hacían bailar y regocijar, están quedando sin quien los escuche.

Por último, y no menos importante. Ella representa una de las tierras más lindas de Colombia: Risaralda. Un departamento lleno de lugares mágicos. Hogar de centenares de especies de animales y plantas que hacen de Colombia uno de los países más ricos en biodiversidad del mundo. Y sin siquiera conocer lo que tenemos en Colombia, soñamos con ir a conocer los elefantes de Tailandia, los leones en el África y los bisontes de Estados Unidos.

En la medida en que valoremos la riqueza cultural, artística y territorial que tenemos, vamos a conservar estas técnicas, ritmos, instrumentos, especies y costumbres que pueden hacernos brillar en el mundo entero. Además de crear modelos económicos que saquen de la pobreza y vulnerabilidad a los artesanos y guardabosques de este país.

En el momento en que estas comunidades de artesanos y guardabosques estén seguras, tranquilas y confiadas en la sociedad a la que pertenecen. Sus obras de arte y territorios serán valorados, no solo por nosotros los colombianos, sino también por el resto del mundo. Y es en ese estado de tranquilidad, confianza y seguridad en donde niñas y niños de estas comunidades crecerán en un país orgulloso de su cultura. Que les entrega los recursos económicos, sociales y emocionales para lograr ser y hacer todo lo que ellos quieran.

Estos sentimientos se lo dedico a todo eso que es maltratado y golpeado cuando algo así nos ocurre.

Este acto es un golpe a todas las mujeres y niñas.

Este acto es un golpe a todas las comunidades indígenas.

Este acto es un golpe al arte, la cultura y la música de este país.

Este acto es un golpe a todos los habitantes de Risaralda.

Este acto es un golpe a todo lo lindo que tenemos en Colombia.

Un golpe a todo eso que ella representa, y que hoy nos duele a todos. Pero que desgraciadamente es consecuencia de una sociedad que le quita valor a todo lo propio, lo natural, lo femenino, lo autóctono, lo indígena y lo ancestral.

Es consecuencia de una sociedad que menosprecia, apaga, reduce e ignora lo que tenemos dentro, con nuestros actos del día a día. Y en la medida que esto siga pasando, vamos a seguir viendo reflejados nuestros actos, actitudes y sentimientos, en hechos de violencia como los que lamentablemente estamos viendo hoy.

Despierta

Todos los días que recuerdo te he visto sufrir.

Algunas veces te he visto reír, pero estos momentos de risa siempre se apagan y no perduran mucho tiempo.

Estás llena de buenas intenciones, pero desgraciadamente nunca llegan a realizarse.

Además, también estás llena de ambición, de esa maldita ambición, que he sentido yo, y muchos que te habitamos. Es un sentimiento que nunca te ha dejado descansar. No te deja respirar, pues cuando estás saliendo de un problema, vuelves y te metes en otro más hondo y duro.

Despierta. Por favor, despierta.

Porque nadie como tú, tiene tantos tesoros, colores, olores, sabores y ritmos.

Además, estás contenida de talento, espíritu y fuerza.

Talento, para darte a conocer en todo el mundo.

Espíritu, para saber llevar todos los triunfos y derrotas.

Y fuerza, para salir de esas crisis, esas profundas crisis que te han hecho tanto daño.

Me siento orgullosa de ser parte tuya, de conformar esos tres colores que te simbolizan.

Ese nombre que jamás dejaré de repetir con orgullo, Colombia.

Colombia, que cree, siente y necesita un mañana mejor.

Haciendo negocios con el dinero

Querido dinero:

Antes que nada, quiero darte las gracias por estar en mi vida.

Porque gracias a ti he tenido oportunidades de acceso a conocimiento y educación. A lugares hermosos. A momentos espectaculares y a personas que me han llenado de alegría.

Gracias a tu ayuda he cumplido todos mis sueños y también me has ayudado a pasar por los momentos más difíciles de mi vida, pues como le dije alguna vez a un amigo:

—Estar en crisis de cualquier índole con plata, no es tan duro como pasar por una crisis sin ella.

Sin dejar a un lado que muchas crisis las generamos los humanos en tu nombre, estés en abundancia o escasez. Algo que no tengo que recordarte pues para ti está más que claro, en esta relación que tienes con nosotros. Tú simplemente te conviertes en una excusa de conflicto y no en el problema real entre dos o más personas.

Y la verdad es que tú, querido dinero, tienes tantas personalidades. Eres un camaleón para cada persona. Soy consciente de que muchos no te ven con tan buenos ojos. He escuchado a personas que dicen que eres un "mal necesario". Como que te tienen en su vida con disgusto, pero les "toca". Otros que sacrifican tiempo y salud mental para tenerte y se relacionan contigo desde la ansiedad. Otros en los que desafortunadamente has sido muy escaso en sus vidas y te ven como una energía maligna que no les ha permitido tener lo que quieren y necesitan. También conozco muchas personas que te acumulan sin ningún propósito en especial, simplemente con el objetivo de tener muchos ceros en su cuenta bancaria. Como tener al genio de *Aladdin* en la lámpara, solo para decir que se tiene al genio, sin utilizar sus poderes. Y otros que por el contrario te derrochan como si tu presencia en su vida fuese inagotable e infinita, efecto que claramente tú no tienes en la vida de las personas.

Entendiendo la diversidad de formas en las que te presentas en la vida de las personas, quiero darte las gracias porque siempre has tenido una muy buena relación con mi familia y conmigo. Pues para mí eres como una mujer guapísima, bondadosa, compinche, amorosa. Una amiga abundante que me complace, me acompaña y me enseña a través de la vida y de las experiencias que tenemos juntas.

Y por eso te hago esta carta para entender mi relación contigo. También para que hagamos negocios juntas. Y para que me ayudes a seguir creciendo en todas las áreas de mi vida. Sobre todo, disfrutando lo que me queda de ella.

Comienzo por el principio. Cuando era joven muchas veces di nuestra relación por sentada, pues cuando comenzó, fue a través de lo que me entregaban mis padres como mesada en el colegio, y posteriormente en la universidad. Sé que en ese momento te menosprecié, te traté de forma irresponsable, y le quité mucho compromiso a nuestra relación. Pues quienes realmente tenían una relación comprometida y responsable contigo eran mis papás.

Cuando comencé a trabajar nuestra relación comenzó a cambiar. Entendí que era una relación recíproca y que la fuente, desde ese momento en adelante, sería mi trabajo, mi esfuerzo, mi conocimiento y mi capacidad para transformar ideas y pensamientos en acciones.

Desde ese momento nuestra relación se ha venido fortaleciendo con cada decisión que tomo. Primero decidí trabajar durante las vacaciones que tenía entre los semestres durante la universidad. Luego pasarme a la jornada de la noche para comenzar a trabajar ejerciendo mi carrera mientras estudiaba. Después unirme a un grupo extraordinario de profesionales para emprender un negocio propio, y en ese periodo comprar un apartamento y vivir fuera de la casa de mis padres. En la actualidad, explorando nuevamente todo lo que el mundo corporativo podía seguirme enseñando siendo empleada y, finalmente, adoptando a Dalí y a Lenon dos gatitos preciosos que dependen de mí.

En todo este proceso me has acompañado y realmente siento que eres uno de los mejores maestros de vida, pues a través tuyo he experimentado la satisfacción de recibir el pago por un muy buen trabajo. He aprendido a tomar decisiones difíciles y a escoger. También a sufrir o disfrutar las consecuencias de lo que decido hacer contigo. Me has enseñado a ser autónoma. A entender qué es lo que realmente disfruto y en qué quiero invertir los frutos de mi trabajo. He aprendido de mesura y regulación pues bien sabes que, de eso, poco o nada tenía. Y precisamente por eso me encontré muy apretada muchas veces; no porque tú no me acompañaras, simplemente porque te invertí en lo que no debía.

Como en la mayoría de las áreas de mi vida. Siento que aún tengo mucho por aprender en esta relación contigo. Y ahí vamos, paso a paso, con caídas, revolcadas y algunas metas alcanzadas. En mi experiencia te veo como una "socia" que me permite estar tranquila y segura. Con los recibos de servicios pagos. Mercado en la nevera. Comida y arena de mis gatos al día. Y la cuota del apartamento pagada. Vivir es muchísimo más agradable que cuando alguno de esos pagos no está garantizado.

Ya con esa seguridad y tranquilidad puedo comenzar a diseñar las experiencias que quiero vivir. Quién quiero ser y cómo quisiera crecer. Planear todos los lugares que aún quiero conocer. Invitar a mi familia a planes deliciosos. Darles gusto a mis sobrinos. Y sobre todo darme gusto a mí misma. Sé que una sociedad, como la que tengo contigo, exige un compromiso de mi parte, y que tú como buena socia que eres, tienes unas condiciones que debo cumplir para que me sigas acompañando. Por eso quiero que sepas qué puedes esperar de mí y de esta relación de socios que estamos construyendo.

1. Me comprometo a que seré responsable y medida con nuestra relación. Que te cuidaré y valoraré como te lo mereces.

2. Me comprometo a que no abusaré de ti y de los beneficios que tú me puedas generar.

3. Me comprometo a que tenerte no me hará sentir más o menos que nadie.

4. Me comprometo a volar liviano, sin excentricidades y pendejadas innecesarias.

5. Me comprometo a que nunca te usaré para hacerme daño a mí misma y a ninguna persona.

6. Me comprometo a generar un impacto positivo con mi familia, amigos, sociedad y planeta.

7. Por último, me comprometo a invertirte en las cosas, momentos y personas que realmente me importan, y sobre todo a disfrutar cada segundo con ellos. Dándote las gracias a través del deleite de cada momento. Sonriendo y amando lo que tú has traído, traes y traerás a mi vida, pues sé que esa es la mejor forma de agradecer.

A todas las Andreas que soy

—Amo a los animales, pero como carne casi todos los días de la semana.

—Amo la lectura, pero omito todas las tildes y no sé cómo usar la puntuación.

—Soy feminista, pero varias veces he hecho comentarios machistas.

—Soy amable, pero muchas veces soy insoportable.

—Soy supremamente segura, pero estoy llena de inseguridades.

—Soy de mente abierta, pero muchas veces no acepto argumentos.

—Me creo muy intelectual y profunda, pero disfruto tanto la ligereza y lo superficial.

—Me creo muy fuerte, pero hay momentos en los que me gana la debilidad.

—Me creo muy relajada, pero muchas veces he alejado a personas por resentimiento.

Leo estas afirmaciones y me siento traicionera. Mentirosa (como gozas cuando me haces padecer, decía Alci Acosta). Insuficiente. Como que no soy lo uno, siendo lo otro. Y es que tú, señor, pero... Eres tan antipático, lo dañas todo.

—Te amo, pero....

—Me gustas, pero...

—Eres una gran profesional, pero...

—Te mereces ese aumento de sueldo, pero...

¿En serio?

¿Quién te inventó?

¿Para qué?

Solo eres bueno cuando necesitamos inventarnos una excusa; para invalidar todo lo que dijimos previamente; o bajarle el ánimo al receptor de la frase que te contiene.

Peros y más peros. Porque me decían que si era una cosa no podía ser la otra. Pues vivimos en un mundo de blancos o negros, de buenos o malos y de lindas o feas.

Toda la vida me enseñaron que tenía que ser coherente. Que tenía que hacer lo que decía, y decir lo que pensaba. Me enseñaron que este mundo estaba lleno de etiquetas, que se ubican en dos extremos, y que entre esos dos extremos no había nada ni nadie. También me enseñaron a juzgar y señalar a las personas que constantemente se están contradiciendo, o que demuestran alguna señal de incoherencia. Y para eso, sí que soy buena. Soy máster en juzgar y criticar a otros. Hablando desde un pedestal, como si mi punto de vista fuera la verdad absoluta, para darme cuenta de que yo soy la que más se contradice y es incoherente.

Y la verdad es que, en mi realidad, entre esos dos extremos hay un gran espectro de posibilidades, adjetivos y formas de ser. Que además fluctúa para una misma persona dependiendo de su ánimo, de su día, o de su momento de vida. Yo todos los días veo un mundo lleno de grises, en mí y en quienes me rodean. Veo personas que son etiquetadas como buenas y malas, o lindas y feas de acuerdo a quién se le pregunte.

Y es aquí cuando me comienzo a llenar de preguntas:

—¿Si yo estoy llena de incoherencias, por qué juzgo a la gente que también las tiene?

—¿Por qué creo que tengo el derecho de hacerlo?

—¿Por qué es tan malo fluctuar entre dos extremos de un espectro? Es más, ¿por qué si un día decidí hacer, decir o actuar de cierta forma y después cambio de parecer eso me hace blanco de críticas?

—¿Será qué nos falta aceptar nuestras contradicciones e incoherencias para comenzar a cambiarlas?

—¿Será que oponerse y negarse a que estamos llenos de contradicciones, simplemente perpetua el problema?

¿Y qué pasaría si cambiamos el "pero" por el "y"? e hice el ejercicio:

—Amo a los animales y como carne casi todos los días de la semana.

—Amo la lectura y omito todas las tildes y no sé cómo usar la puntuación.

—Soy feminista y varias veces he hecho comentarios machistas.

—Soy amable y muchas veces soy insoportable.

—Soy supremamente segura y estoy llena de inseguridades.

—Soy de mente abierta y muchas veces no acepto argumentos.

—Me creo muy intelectual y profunda y disfruto tanto la ligereza y lo superficial.

—Me creo muy fuerte y hay momentos en los que me gana la debilidad.

—Me creo muy relajada y muchas veces he alejado a personas por resentimiento.

Cuando leo estas frases, me siento mucho más completa y honesta. Claramente mucho más compleja, llena de matices y diversa. Sinceramente una versión mucho más cercana a la realidad.

Así, dejando de ignorar y negar mis incoherencias, voy viendo a todas estas Andreas que están en mi vida. A todas ellas las acepto, las amo, las escucho y les doy un espacio. Porque entiendo que estoy llena de contradicciones. Soy supremamente incoherente y tengo mil facetas que muchas veces pelean entre ellas.

Y desde este punto me doy la libertad de entenderme y aceptarme con mis complejidades. De darles una voz y un espacio a esas Andreas que no son tan políticamente correctas, estables y sensatas. Y desde ese espacio lograr evolucionar, aprender y cambiar a través de la auto aceptación y autocompasión. Dos maravillosas herramientas que aprendí en este proceso de sanación y crecimiento que he decidido hacer durante este tiempo en cuarentena.

Para qué una película si tengo mi vida para entretenerme

Aquí. Al otro lado del mundo.

En la parte trasera de una moto.

Recostada en la espalda de un hombre espectacular, y viendo un atardecer lleno de colores.

Entiendo que ese cuento místico en donde muchas brujas afirman que uno escoge sus vivencias, efectivamente es real.

Pues pensando en retrospectiva. Con certeza yo sí elegí a mis historias de amor.

No puede haber alguien más "empeliculada" y cursi con este tema que yo. Además, que todas estas historias de amor fueron perfectas para lo que necesitaba vivir, aprender y entender en cada uno de los momentos en los que llegaron.

Y por esta tendencia mía a la distracción y a la curiosidad en exceso nunca un solo hombre me hubiese podido entregar la diversidad de experiencias y momentos de película que he vivido.

He pasado por momentos de comedia romántica. Clichés típicos de series de adolescentes. Escenas de cine europeo. Coincidencias que parecen escritas por el guionista más cursi de la historia. Y sí, muchas veces la realidad, en mi vida ha superado a las películas que tantas veces vi.

Hasta ahora entiendo que, así como todo en mi vida, las cosas me llegan cuando deben llegar. Y si no he tenido una vida en pareja "estable" es porque necesitaba la inestabilidad para experimentar y vivir individualmente con todos estos hombres que han llegado a mi vida. Como si realmente hubiésemos hecho un pacto antes de conocernos para enseñarnos diferentes lecciones que fueron y son tan importantes; no solo en mi vida en pareja, sino en muchas otras áreas.

Es chistoso pensar en estos momentos que nunca se planearon, pero que pareciera como si el universo conspirara para hacerlos realidad a pesar de lo irreales que pueden llegar a ser. Y con esto en mente y entendiendo que estas historias de amor no serían posibles sin ellos; les voy a hablar a esos hombres que han llenado mi vida de recuerdos con los que hoy en día puedo reírme de mi misma, sentir el mordisco de la nostalgia, asombrarme por las casualidades que ocurrieron o simplemente sonreír:

1. Conocernos dos semanas antes de que casualmente viajemos al mismo lugar, con el mismo itinerario, a los mismos monumentos, en las mismas fechas. Y que allá donde no teníamos cómo comunicarnos y a pesar de estar

en lugares inmensos, con millones de personas, siempre terminábamos a menos de dos metros de distancia. Cuando ya entendimos que el destino nos estaba obligando a viajar juntos, nos dejamos llevar. Lección: si algo está destinado a pasar, pasará tarde o temprano, en circunstancias diferentes, pero pasará (El destino no podía esperar que me viera la serie *Dark* para darme esta lección; no, tenía que ser contigo).

2. Tener que esconderme en un baño a saltar de la emoción en un restaurante en Cartagena, porque extrañamente antes de conocerte ya tenía mariposas en el estómago como si mi cuerpo anticipara lo que iba a pasar y lo que sentiría por ti. Para luego encontrarme contigo. Un personaje que estuvo dispuesto a hacer el oso declamándome el único poema que se sabía frente a todas mis amigas y como si fuera poco, seguir las instrucciones de mi mejor amiga durante toda la noche solo para que yo aceptara almorzar contigo al siguiente día. Luego me diste la grata oportunidad de conocerte y disfrutarte durante un largo tiempo. Lección: los grandes amores y las grandes lecciones no deben tener un final feliz. Precisamente por eso hay que disfrutarlos mientras duren, sin expectativas, sin condicionamientos y sin atarnos a lo que hubiera podido ser.

3. El primer encuentro más raro del mundo. Debido al contexto en el que estábamos nos tocó sentarnos a mirarnos a los ojos durante veinte minutos sin hablar. Momento que claramente yo traté de evitar a toda costa

porque me intimidabas mucho por lo guapo que me parecías. Fallé en mi intento, y así nos conocimos. Después de los veinte minutos más largos de mi vida, simplemente nos buscábamos con la mirada y cuando ya creíamos que no nos íbamos a volver a ver, me encontraste y me dijiste: Teníamos que conocernos. Para luego ayudarme a entender lo rara y chistosa que puedo llegar a ser cuando una persona me gusta en serio. Hoy me acuerdo de las excusas que saqué para hablarte y de las "tácticas" que usé para llamar tu atención y puedo durar horas riéndome sola de mí misma y de mi rareza. Gracias al cielo nunca pasó nada y la relación no prosperó porque tendrías mil cuentos para divertirte a costa mía y de lo nerviosa que me ponías. Lección: es normal que el gusto por alguien me ponga nerviosa. Lo que no es normal es que permita que esos nervios me lleven a cambiar mi forma de actuar y pensar al punto de desconocerme.

4. Un *crush* eterno en donde nunca pasaba nada a pesar de que para todo nuestro entorno era clarísimo que me gustabas. Nunca fui capaz de hacer nada. Hasta la noche de tu despedida, en la que gracias a una cómplice alcahueta logre llegar al sitio en el que estabas. A pesar del viaje y de sacar a mi amiga de las cobijas seguía sin ser capaz de hacer nada hasta que me diste "papaya" dándome un beso esquinero. Lo que dio pie para que nos diéramos un beso largo en medio de la pista de baile mientras todos nos miraban. No bastó con un beso, los dos quisimos repetir. Gracias a esto por fin me di cuenta de que el *crush* era mutuo, pero muy tarde porque al otro día viajabas a

un lugar del que nunca regresaste. Lección: el que piensa pierde. Y si alguien me gusta, más me vale actuar pronto.

Éstas, entre algunas historias de amor que he vivido y que recuerdo con mucho cariño, no solo por los momentos tan lindos que experimenté. También por las lecciones que me entregaron en el proceso.

Evidentemente son una pequeña muestra de la gran cantidad de lecciones que he aprendido durante mi vida y que aún me quedan por aprender. A las cuales agradezco inmensamente. Pues en este camino me voy dando cuenta de que estuve demasiado enfocada en llegar a una meta, en un proceso donde lo realmente valioso es el camino para llegar a ella.

Enfrentando monstruos con mi hija

Mi linda y consentida hija.

Aquí en tu cuarto, mientras bailamos juntas la canción que más nos gusta, me reconozco como una mujer hermosa, inteligente, segura y muy afortunada.

Contigo no tengo la necesidad de ser modesta y como tu madre quiero que aprendas a reconocer todo lo que eres sin diminutivos y sin menospreciar lo que has hecho y logrado.

Sé que la forma en la que aprendes es a través de ejemplos y precisamente por eso reconozco y aprecio todo lo que soy y lo que he logrado en mi vida.

Y sí. La verdad es que soy una mujer que ha alcanzado grandes éxitos profesionales. Soy tu mamá. Hermana e hija en una familia llena de matices y en medio de esa hermosa diversidad somos una familia unida y muy divertida. También tengo amistades fuertes y sinceras de hace años. Por último, soy esposa, amante y compañera de tu papá. Un hombre que nos ama, nos consiente, nos acompaña y nos reta para crecer y aprender juntos lo que nos queda de vida a los tres.

En general soy una mujer feliz, rumbera, amorosa y consentida. Que ilumina la vida de todos los que la rodean y que también recibe mucha luz y amor de su entorno. Y precisamente por eso decido iniciar un viaje muy profundo de introspección, el cual sé que será muy difícil pues vamos a un momento oscuro al que hace mucho tiempo no volvía porque es muy doloroso. Decido hacerlo contigo y por ti, mi linda bebé, para entender qué debo enseñarte, cómo decirte las cosas y qué debemos hacer tu papá y yo para que seas una mujer feliz, respetada, valorada y amada por todos los que te rodean.

Hoy me vas a acompañar a visitar a la mujer que fui en ese momento. De quien aprendí grandes lecciones y a quien amo, acepto y respeto. Además de agradecerle inmensamente pues fue quién me entregó la fortaleza que tengo hoy.

Este viaje se inicia con mi esencia. Siempre he sido un alma alegre, extrovertida, amable, y muy espontánea. Así nací y esas fueron características que mis padres notaron desde que estaba bebé, como estás tú hoy en día.

Pasó el tiempo y ya siendo una niña le tenía mucho miedo a los supuestos monstruos que estaban debajo de mi cama. En el momento en que mis papás salían de mi cuarto y apagaban la luz, comenzaba a imaginarme que esos monstruos iban a llegar hasta mi cama a hacerme daño. Cualquier sonido era un indicio claro de que ahí estaban. Me llenaba de pánico y me tapaba debajo de las cobijas, pero sus pasos se sentían cada vez más cerca, hasta que finalmente el miedo me daba las fuerzas suficientes para quitarme las cobijas de encima, levantarme de la cama y salir corriendo a que mis papás me salvaran. Una caricia, un par de palabras y en los brazos de mis padres todos esos monstruos se esfumaban. Ya estaba sana y salva.

Esta niña se convirtió en una adolescente supremamente segura. Querida por todos. Además de tener muchos admiradores por su actitud arrolladora, astucia e inteligencia. Atrás habían quedado los pánicos nocturnos. Pues entendía que esos monstruos eran solo producto de mi imaginación y que no podían hacerme daño. Me gradué finalmente del colegio. Cada uno de mis amigos y amigas tomó su camino.

Yo quise explorar el mundo y hacer mi pregrado en otro país. Lejos de mi familia comencé a vivir sola. Terminé mi pregrado. Conseguí un muy buen puesto y decidí iniciar un posgrado. Allí en este país también conocí un hombre muy guapo que se convirtió en mi novio y que después de unos meses se vino a vivir conmigo.

Durante el tiempo de aquel noviazgo algo comenzó a cambiar en mí. Ya no era tan alegre y divertida como lo era en el colegio y en el pregrado. Esa personalidad arrolladora que siempre me destacó, se estaba perdiendo.

—Estoy madurando. —Me dije muchas veces.

Sin embargo, un día entendí que ese cambio de personalidad no tenía nada que ver con mi madurez. La verdad es que estaba reprimiendo actitudes, sentimientos y emociones muy naturales en mí, por un ojo inquisitivo que estaba constantemente dándome a entender que estas actitudes no le gustaban. Estas miradas venían del hombre al que amaba. Esto hizo que inconscientemente yo comenzara a omitir, ignorar y reprimir estos impulsos de bailar en una fiesta, de sonreír y reír con las personas que me agradaban, y de cantar a todo pulmón mis canciones favoritas con mis amigos.

Las miradas malintencionadas, por parte de mi novio, pasaron a ser críticas.

Críticas a lo que yo era en esencia.

Críticas a lo que siempre había sido y seré.

Críticas a la niña extrovertida, a la adolescente segura y a la mujer atractiva y exitosa que era en ese momento. Por lo cual me dije:

—Bueno, tal vez tiene razón.

Y las dejé pasar, lejos de imaginarme la puerta que estaba abriendo al pasarlas por alto, pues con el tiempo éstas cada vez fueron más intensas. Hasta convertirse en ofensas.

Debido a esta situación era más discreta y silenciosa. Actitudes que no son naturales en mí. Sentía que cualquier movimiento en falso podría generar un maltrato verbal y por eso decidí dejar de ponerme la ropa que me gustaba. Tomé la decisión de sentarme siempre a su lado en las reuniones. De no mover un solo músculo cuando mi canción favorita sonaba. Y de no sonreír o mirar a los hombres para no correr riesgos de ser maltratada al llegar a la casa. Mientras tanto, el amor que sentía por él se convirtió en miedo y comencé a pasar menos tiempo en casa. Me concentré en el trabajo, el posgrado o en cualquier cosa que me mantuviera el mayor tiempo lejos de mi novio y fuera de mi casa.

Además, las mentiras se convirtieron en mi escudo de protección. Escudo para protegerme de mi novio, de mi entorno y de mí misma. De mi novio para no ser maltratada verbalmente cuando estaba haciendo algo que posiblemente no le iba a gustar. Con mis amigos y familia para no ser juzgada y recibir sermones, señalamientos y opiniones de personas que no sabían lo que era vivir el maltrato verbal. Por último, me mentía a mí misma, ocultando mis sentimientos, reprimiendo lo que sentía y tratando de ignorar las actitudes y emociones que orgánicamente surgían por la situación tan difícil que estaba viviendo.

Como era de esperarse, me sentía muy solitaria. Cada ofensa que recibía se convertía en una lanza que llegaba hasta lo más profundo de mi ser. Ofensas que hoy en día siguen doliendo y que en ese momento llegué a creer verídicas e innegables por esa misma situación que yo estaba permitiendo en mi vida. Por ende, esa mujer atractiva y exitosa se fue perdiendo en una niebla de miedo muy densa que iba ocultando todas esas características con las que había nacido y que en ese momento sentía muy lejanas.

Me encontré siendo una mujer que no reconocía. Débil. Temerosa. Callada. Cuidadosa en extremo. Sin emociones. Navegando entre una niebla mental y recibiendo constantemente lanzas sin entender las razones para recibirlas, pero con un claro emisor, el hombre con el que vivía.

Cualquier acción podía generar un maltrato verbal. Lo cual se volvió una rutina. Pero un día desde esa densa niebla llegó un golpe físico. Tristemente en ese momento justifiqué ese golpe. Pues creía que yo había actuado mal y que debido a esto merecía el maltrato físico y verbal que estaba recibiendo.

Y así, justificados sus maltratos, llegó el día en que mi novio tuvo un ataque de celos entrando a la casa con esa actitud de furia descontrolada que yo había visto tantas veces. Al acercarse a mí se revivieron esos recuerdos de niña cuando me daban ataques de pánico por miedo a los monstruos. La diferencia era que en ese momento sabía que sus pasos eran reales y que realmente podía herirme. Esta vez el monstruo logró tomarme de los brazos, darme golpes en la cabeza y después tirarme al piso para propinarme patadas en la espalda y las piernas. Me dolían el cuerpo, el alma y el corazón. Pues me estaban dando una golpiza, algo que nunca había vivido. Y lo único que podía pensar en ese momento es que iba a morir a manos del que supuestamente me amaba. Cuando la golpiza acabó me encerré en el cuarto y lloré desconsolada en la que sería la peor noche de mi vida.

La niebla cada vez se hizo más densa en los días posteriores. No recuerdo exactamente qué pasó. Simplemente sé que lo perdoné. Sin embargo, en medio de mi soledad, ya no volví a ver a mi pareja como un hombre. En adelante yo me convertí en esa niña chiquita llena de miedo, que temblaba cada vez que este monstruo introducía la llave en la puerta de la casa y entraba. Trataba de moverme, actuar y ser lo más pequeña, silenciosa e inexistente posible para evitar cualquier maltrato. Pero esto no era suficiente, pues si algo malo le pasaba fuera de casa yo era la persona que sufría las consecuencias.

En este estado de supervivencia en el que me encontraba, solo pude llegar a la solución natural para este sentimiento de pánico que no sentía desde niña. Salir corriendo a buscar a mi familia para estar sana y salva. Por este motivo comencé a buscar un traslado de nuevo a mi país, pues sabía que con este monstruo no bastaba taparme debajo de más capas de protección. Sabía que necesitaba a mi familia, para que me ayudaran a salir de esta situación y a disipar esa niebla que no me estaba permitiendo pensar claramente ni tomar decisiones adecuadas.

El traslado se dio. Volví a casa. Mi familia y las personas que me aman me ayudaron a redescubrirme. Así, poco a poco, fui recuperando y reviviendo mi esencia, que duró tanto tiempo apagada. Comencé a ser más extrovertida, a sonreír, a jugar y a bailar, pues como siempre, mi familia sabe sacar lo mejor de mí.

Al mismo tiempo ese monstruo comenzó a volverse pequeño. Insignificante. Pues en el proceso de recuperar a esa mujer que naturalmente me correspondía ser, entendí que todas esas palabras que él me decía no encajaban con absolutamente nada de lo que yo era. Y un día no encontré ninguna razón para mantenerlo a él en mi vida. Entendí que no tenía ningún motivo por el cual recibir esas palabras de maltrato por parte de mi novio ni de nadie. Ese día finalizó la relación que se había iniciado con una mujer llena de cualidades y que terminó con una mujer llena de esas mismas cualidades, pero más fuerte que nunca.

Y tu mamá, esta mujer fuerte que tienes frente a ti, después de este viaje y un par de lágrimas. Te trae las siguientes lecciones:

1. Debes aprender que ser feliz es una decisión que se toma día a día. Una decisión que comienza por amarte tal y como eres. Con tus curvas y tus esquinas. Con tus luces y tus sombras.

2. Debes aprender a valorarte, aceptarte y respetarte. Y desde esa posición exigirlo de todo tu entorno. Nunca permitas que nadie te diga o te haga creer lo contrario. Si te lo dicen, tienes suficientemente claro tu valor y lo que eres para que esto no te afecte.

3. Debes saber que las personas te pueden ayudar a crecer. Aconsejándote y acompañándote en tu proceso. Siempre y cuando todas las palabras que te digan surjan desde el respeto, el amor, la empatía y la comprensión. No debes confundir nunca un consejo con una crítica a lo que naturalmente eres. Es una línea muy delgada que debes aprender a leer y en el caso en que sea traspasada debes saber cómo parar, reflexionar y detener cualquier conversación que te esté haciendo daño.

4. Debes saber que no existe justificación alguna para el maltrato, la violencia y el abuso. Nadie, por ningún motivo, puede irrespetarte y maltratarte emocional o físicamente. Si pasa debes hablarlo, denunciarlo y asegurarte que nunca más vuelva a pasar. Y así como mereces respeto, tú también debes entregarlo a todas las personas que están y estarán en tu vida.

5. Debes saber que el maltrato inicia con pequeñas señales. Miradas, actitudes y reacciones que son muy fáciles de pasar por alto y que abren una puerta que será muy difícil de cerrar después. Por eso debes estar atenta a cómo reaccionan las personas a tu alrededor y sobre todo contigo.

6. No debes tenerle rencor a la persona que por cualquier motivo te maltrató. Pues si bien te hizo daño, el rencor hacia esa persona lo único que te va a producir es un daño mayor a ti y a los que te rodean.

7. Debes entender que las personas que abusan, irrespetan y maltratan, posiblemente lo hacen porque ellos

lo sufrieron. Pero, sobre todo, debes entender que no es tu problema. Y que son ellos quienes deben solucionar y atender sus razones.

8. Por último, debes entender que a pesar de que te hayan maltratado hay que desearles lo mejor. Que sanen su corazón. Que nunca más vuelvan a maltratar a nadie y que encuentren un entorno saludable para curar sus heridas.

Estas son las lecciones que aprendo de este viaje contigo, mi chiquita. Y que espero tener la sabiduría necesaria para entregártelas a través del ejemplo. Llevando una vida amorosa, llena de empatía, cordialidad, reflexión y respeto hacia mí misma, hacia tu papá y hacia todo nuestro entorno.

Rezo todos los días para que nunca tengas que pasar por estas vivencias por las que yo pasé. Y que si por algún motivo tu camino te lleva a ellas, tengas la valentía de aceptarlas como parte de tu proceso. Perdonar. Bendecir. Y desear lo mejor a aquellos que te hirieron.

Y que ojalá esos momentos te den la fortaleza suficiente para levantarte, sacudirte, reflexionar, entender y actuar a partir de esos aprendizajes que te dejan las heridas. Decidiendo ser feliz con cada paso. En cada momento y con cada una de tus decisiones. Y que con esto en mente guíes tu vida e ilumines la vida de otros. Como hoy en día yo lo hago contigo, tu papá, nuestra familia y todas las personas que me rodean.

Carta de mi mejor amiga

Querida Andrea:

Desde el momento en que llegaste a este mundo he estado acompañándote. Maduramos juntas. Hemos tenido peleas y discusiones como en cualquier relación. Y aun así nos amamos, nos consentimos, nos cuidamos mutuamente y seré yo la última que te acompañe cuando tengas que partir de esta tierra.

Siempre he estado aquí para ti. He tratado de mantenerte sana y llena de bienestar al habitarme. Y hasta ahora han sido pocos los momentos de nuestra vida en los que has sufrido dolores y malestar.

El momento de malestar más fuerte de todos cuando decidiste hacerte una intervención estética porque mi peso y forma no cumplían con los estándares de belleza que te impusieron. A los que con tantas ansías y de mil maneras trataste de llevarme.

Te entiendo. Sé desde dónde vino esa insatisfacción conmigo. Pues a través de mis oídos llegaron a ti los comentarios *gordofóbicos* acerca de mi apariencia. También a través de mis ojos viste esas formas y medidas a las que la sociedad nos decía que yo debía llegar. Hemos convivido con eso toda nuestra vida. No es culpa tuya. Tampoco mía. Y las dos hemos vivido momentos muy difíciles por esta cultura que nos exige vernos de cierta forma que es aceptada como la "única belleza" y a la que por diversas razones no hemos logrado llegar.

Quiero que sepas que, si eso es lo que deseas, aquí estoy para que lo logremos juntas. Sin embargo, debes saber que mi prioridad es tu bienestar y voy a evitar a toda costa, o tratar de compensar, cualquier acción que decidas tomar que vaya en contra de tu salud mental o física. Voy a hacer absolutamente todo lo que esté a mi alcance para impedir que te maltrates física o emocionalmente. Simplemente porque la sociedad te está diciendo que mis medidas, peso o contextura no son adecuadas.

Esa "sociedad", una masa de gente, fotos en Instagram, anuncios de marcas, comentarios, informes y estudios, que nos dicen:

—Ámate. Pero solamente cuando te veas así.

—Cuídate. Pero si te haces daño para tener estas medidas, no pasa nada.

—Vístete como quieras. Siempre y cuando nunca pases de talla 10.

—¡Claro que puedes opinar! Pero solo hasta donde yo me sienta cómodo.

—Puedes hacer lo que quieras. Dentro de los límites de una "niña de bien".

Y así nos van dictando, cómo deberíamos vernos, cómo deberíamos sentirnos, qué deberíamos hacer. Dentro de un discurso contradictorio que nos confundió durante mucho tiempo. Nos quitó atención y energía para hacer cosas que requerían nuestra atención y que disfrutábamos profundamente. Escribir, por ejemplo, algo que siempre quisimos hacer. Pero estábamos demasiado ocupadas pensando en cuál sería la siguiente dieta que sí iba a funcionar. En cuántas calorías tenía el postre que nos acabábamos de comer. En cuál era el secreto mágico de la amiga que bajó seis kilos en un mes. Entre muchos otros temas que no nos permitían hacer lo que realmente nos llena el alma de alegría y que nos apasiona.

Sinceramente, en lo que a mí respecta, poco o nada me importan todas esas reglas que hemos leído y escuchado de lo "correcto" e "incorrecto" acerca de la comida, el deporte, las calorías, los kilogramos y los kilómetros. *BTW* ¿Quién les dijo a estos deportistas de redes sociales que a alguien le importa cuántos kilómetros recorrió, y en cuánto tiempo, y cuántas calorías quemó? Esta es una información que le importa solo a ellos y tal vez a su entrenador, ¿Entonces, para qué subir la foto del "polar" a las redes? El caso es que nuestro gran progreso es que por fin te diste cuenta de que esas definiciones cambian todos los días, y lo que hoy es "bueno" posiblemente mañana será "malo". A mí lo que realmente me importa es cómo te sientes habitándome. Me importa avisarte cuando necesitamos dormir, movernos, descansar, hidratarnos y nutrirnos. Además de avisarte claramente cuando necesitas darme atención médica con un profesional.

Tengo que confesarte que me da mucha tranquilidad el hecho que prefieras escoger el camino de la reconciliación, auto aceptación y autocompasión conmigo y contigo. A diferencia de ese camino que te enseñaron y que caminaste durante muchos años. Es un alivio que hoy en día entiendas que aguantar hambre es como aguantar la respiración. Simplemente para mí es insostenible y lo único que me genera es un sistema de protección en donde tarde o temprano voy a recuperar esa comida, satisfacción y placer al comer, que me hizo falta. Y que muy posiblemente crearé mecanismos para que esos periodos de ayuno no vuelvan a suceder. Te repito, mi prioridad es tu bienestar y seré muy clara cuando necesite que me prestes atención.

Gracias al cielo, hoy te das cuenta de que todo eso que te dijeron se puede repensar y que nada es una realidad o verdad absoluta; además ya sabes que puedes escoger las creencias que quieres incorporar a tu vida, y las que quieres sacar. Tú decides qué quieres y qué mereces; y de acuerdo con eso actúas, pues ya sabes que los resultados en tu vida no tienen nada que ver con mi aspecto físico; tiene mucho más que ver con las decisiones que tomas, la forma en la que actúas y las personas a las que decides incorporar a tu vida.

Yo soy simplemente tu compañera en esta vida y estoy aquí para permitirte experimentar, sentir, amar, consentir, bailar y en general recorrer este camino que día a día eliges vivir. Y con esto claro también es mucho más fácil entender que no hay nadie de menor o mayor jerarquía. Hoy me enorgullece decir que conoces la gran diversidad que existe entre los cuerpos y que cada uno decide cuáles son sus prioridades. Todas respetables. Sin que esto implique que tú debas seguir y actuar bajo esas mismas prioridades. No importa si es tu mamá, hermano, amigas o entorno en general.

Me emociona decir que hoy elegiste darle prioridad a tu bienestar físico y emocional, por encima de adoptar comportamientos, actitudes y creencias que habías aprendido acerca de cómo me debería ver yo, tu cuerpo. Decidiste desaprender lo que te había enseñado tu entorno. Construir nuevas creencias y re priorizar lo que realmente te hace feliz y te llena de satisfacción. Y a partir de eso adoptar nuevas actitudes y comportamientos.

No te alcanzas a imaginar la inmensidad del amor que siento por ti. Y me llena de gratitud que por fin te hayas dado la oportunidad de aprender a leer esas señales de ese amor que te entrego todos los días.

Te lleno de amor al mantenerte viva, al respirar, al saborear la comida. Al llenarte de placer cada vez que tienes sexo. Al entregarte un pelo abundante, piernas que te llevan a donde quieras, unos ojos que te permiten apreciar tus flores en el balcón, y unos brazos que te permiten abrazar a las personas que más amas. Además de salud constante y recuperación rápida.

Te quiero dar las gracias por darte la oportunidad de re-pensarte a ti y a mí, entender que soy muchísimo más que una cola tonificada, que un "six pack" o que un 90/60/90.

Quiero darte las gracias porque al amarme a mí, te amas a ti.

Estoy aquí para que logres experimentar este mundo como tú decidas y quieras experimentarlo. Bien sabes que en la medida en que yo esté bien, tú estarás bien. Para que juntas sigamos experimentando esta vida de la que todavía nos quedan lugares y momentos espectaculares por sentir, ver, probar, oler y caminar.

Te amo y estoy aquí para ti,

Atentamente, tu cuerpo.

A las avemarías ajenas que les ganaron el cielo a muchos

Señoritas avemarías ajenas.

¿Alguna vez se han percatado de la cantidad de conflictos que gracias a ustedes se han generado entre los humanos?

Vengan les cuento. Ustedes señoritas, tienen muchos nombres: Ramos robados, trofeos de otros, flores ajenas. Entre muchos otros que se refieren a las situaciones en donde una persona recibe un reconocimiento, felicitación o agradecimiento por los méritos, trabajo, conocimiento o dinero de otra persona.

Estas situaciones se presentan de mil maneras en el día a día de todos los que habitamos en esta tierra y aquí les voy a contar algunas:

Existen las avemarías ajenas falsas. Personalmente las he vivido. A muchas personas como es mi caso, no nos gusta alardear acerca de lo que hacemos o dejamos de hacer. Grave error y gran defecto en el mundo corporativo. En donde muchos crecen a punta de codazos entre sus pares y aprovechan cualquier oportunidad para mostrarse y brillar.

Una de mis mentoras me dice:

—El trabajo brilla por sí mismo.

Y sí, muchas veces pasa y ojalá el mundo fuera así siempre. Sin embargo, muchas han sido las ocasiones en las que he visto personas que crecen profesionalmente por ser lo suficientemente ruidosas. Esta nota la hago porque esas personas que prefieren que su trabajo brille por sí mismo chocan con aquellas que sienten que si no gritan cada cosa que hacen es como si no la hubiesen hecho. Creen que los que no gritan como ellos no hacen "nada". Simplemente porque no están contándole a los alaridos a todos cada acción, así como ellos lo hacen. A eso es a lo que yo llamo: Avemarías ajenas falsas.

En la mayoría de los proyectos y logros empresariales el mérito no pertenece a una sola persona. Generalmente cualquier acción exitosa se da gracias a los esfuerzos de muchas personas que pertenecen a diferentes áreas de conocimiento y que aportan con ideas, acciones, contactos y opiniones. Y es aquí donde hacen su primera aparición ustedes señoritas Avemarías Ajenas. Resulta que una de las personas de ese equipo, Pepita, considera que otra persona del equipo, Pepito, "no hizo nada". Simplemente porque no informó acerca de cada paso o acción que hizo durante el proceso. Desafortunadamente para Pepita, con su grandiosa opinión acerca del trabajo de Pepito se entera de que él recibe una felicitación por parte de los superiores del equipo.

Ahora me pregunto:

—¿Será que ustedes, señoritas avemarías, realmente eran ajenas?

—¿Es qué Pepita simplemente no está en la capacidad de reconocer el trabajo de Pepito, porque éste no tiene la costumbre de alardear igual que ella?

—¿Será que Pepita considera que sus acciones poseen un valor más alto que las que hizo Pepito?

¿Cuál es la regla de quién tiene más mérito?

—¿Podría ser el que hace más, el que sabe más, o el que habla más? —Muchos dirían que en la vida real quien habla más es quien finalmente se queda con las recompensas.

Otra situación muy común la llamo el "pasajero". Como dirían coloquialmente, son aquellos que se montan al bus andando. Y se refiere a aquellas situaciones en donde una persona, intencionalmente, busca ganarse esas avemarías ajenas con acciones de otros y pasa no solo en el mundo corporativo, también en el mundo social y familiar.

Un ejemplo es cuando una persona solamente aparece en el momento en donde se entrega el resultado final de todo un proceso en el cual no participó. Cuando se entrega el regalo del día del padre. En el momento en que la lasaña se sirve en la mesa. Y hasta la presentación del informe final de un proyecto. Aquí lo que sucede es que la persona que acaba de llegar, comienza a utilizar verbos en plural como: picamos, preparamos, compramos, analizamos, desarrollamos, entre otros verbos en plural teniendo claro que no picó, no preparó, no compró, no analizó y no desarrolló. Y que por el contrario las otras personas a las cuales muy amablemente está incluyendo en su discurso fueron quienes participaron activamente en todo el proceso de inicio a fin para lograr ese resultado final.

En el caso del día del padre, por poner un ejemplo. Pepito fue quien consiguió la cuenta de Instagram, buscando el regalo perfecto para su papá. Pepito fue quien posteriormente contacto al proveedor. Hizo la transferencia bancaria. Y por último hizo seguimiento del paquete para que llegara a tiempo. Sin embargo, Pepita su hermana, aparece en la entrega del regalo y dice frases como:

—Estábamos asustados porque pensamos que tu regalo no iba a llegar a tiempo —En ese momento Pepito la mira, voltea los ojos y ríe.

Pepito está acostumbrado a que Pepita haga esto constantemente. Este tipo de situaciones no son graves a nivel familiar y social. Ahora, en el mundo corporativo la cosa cambia, pues resulta que esa felicitación, reconocimiento y mérito puede resultar en una nueva oportunidad de trabajo, ascenso o comisión.

La última y más descarada. La llamo "el robo a mano armada". Es cuando esa persona que se está "ganando el cielo, con avemarías ajenas" no menciona al grupo que lo acompañó en el proceso de desarrollo de aquello que está presentando. O peor aún, si esta persona no participó en el proceso y simplemente está en la posición de presentar el resultado final.

Aquí, ustedes señoritas, no solamente son muy incómodas. También son muy dolorosas. Pues si bien muchas personas no trabajan para recibir reconocimientos y felicitaciones, esperan tenerlo por parte de las personas que reciben el resultado final. Sobre todo, si alguien más, que no participó en el proceso, las está recibiendo en su nombre.

Por poner tres ejemplos de situaciones que he vivido y que visto. En donde ustedes avemarías ajenas, hacen su grandiosa aparición generando conflictos, peleas, resentimientos y heridas entre nosotros los humanos. Pero ¿qué podemos hacer como seres sociales que constantemente estamos en la posición de Pepito y Pepita? Lo único que se me ocurre en este momento es entender que nuestro punto de vista no es el único válido. Que existen otras formas de pensar, de hacer y de ver las cosas. Que todas son igual de válidas y merecen ser reconocidas, si aportaron a un logro.

Entender también que ninguno de nosotros es un "producto terminado". Que estamos en un proceso de evolución y crecimiento. También entender que para muchos es necesario recibir esas felicitaciones y reconocimientos, les pertenezcan o no; con trampa o sin trampa; montados al bus desde el inicio o solo cuando está andando. Lo que a mí personalmente me queda más difícil es entender que esa "necesidad de reconocimiento" también hace parte de un proceso personal de esas personas. Que debo respetar y aceptar que no soy nadie para juzgar, criticar o señalar. Tampoco para darles mi opinión acerca de lo que yo creo que está bien o mal. A menos que ellos mismos pidan esa opinión.

Lo que me queda es trabajar en mí. En mi propio proceso. En el cual he de reconocer que muchas veces estuve ahí. Ganándome reconocimientos que no me correspondían. Intencionalmente o de forma accidental, pero estuve en esos zapatos con sus pros y contras. Con todo lo que implica. Y desde ese lugar de empatía y auto reconocimiento aprender las lecciones que esta situación le deja a todos los que participan en ella y sobre todo las lecciones que me deja a mí.

Creo que esa puede ser la gran lección que ustedes nos traen en esas situaciones en las que aparecen. Nos invitan a concentrarnos en nuestro propio proceso. A dejar de mirar si Pepita se merecía o no esa felicitación. Si Pepito debió hacerse sentir cuando le estaban robando el reconocimiento. O si lo que hizo Pepita estuvo bien o mal. Ustedes nos invitan a dejar de mirar afuera y más bien a mirar adentro. A preguntarnos:

—¿Por qué estoy sintiendo rabia por lo que Pepita dijo o hizo?

—¿Por qué necesito un reconocimiento de otros para validar lo que hago?

—¿Por qué me cuesta tanto reconocerme y hacer valer mi trabajo?

—¿Por qué me exijo tanto?

—¿Por qué siento la necesidad de usar el trabajo de otros para ganarme un reconocimiento?

Y así es como hoy siento que podríamos usarlas a ustedes: Avemarías ajenas. En nuestro propio beneficio. Un beneficio real y duradero. Un aprendizaje de vida y autoconocimiento más allá de un ramo de flores imaginario representado en un mensaje de WhatsApp.

Mr. Finger

Bendito Mr. Finger

Me cansé de los finales felices de una noche.

Que dicha tenerte en mi mesa de noche.

Que dicha no depender de nada ni de nadie para satisfacer mis antojos y deseos sexuales.

Bien sabes que me encanta complacerme, amarme y consentirme.

Y gracias a ti, a mis manos, y a mi imaginación puedo hacerlo cuando y como quiera.

Atrás quedaron los "arrocitos en bajo" y las aplicaciones como Tinder en donde muchas veces busqué satisfacer esa necesidad de placer. Me di cuenta de que esas noches de pasión en donde lo único que buscaba era sexo fácil y rápido solo me dejaban con una sensación de angustia interna. Pensando si tal vez el condón se había roto, o si debía o no tomarme la pastilla del día después solo por las dudas.

Y eso en realidad era lo de menos. Lo que realmente dolía, era hacerlo con el objetivo de "usar" a alguien para satisfacerme. Y como ley divina posteriormente sentirme usada. Además de la carga cultural que nos condena a las mujeres que tenemos un apetito sexual alto. La verdad yo diría que normal, pues se asemeja al de los hombres. Sin embargo, ellos no son calificados como promiscuos por el simple hecho de hablar abiertamente de lo que quieren y les gusta. Cosa que sí nos pasa a las mujeres.

Es chistoso ver cómo a los hombres se los anima a tener el mayor número de encuentros sexuales y muchos aún alardean hablando de todas las mujeres que han pasado por su cama. En cambio, a nosotras se nos califica de "libertinas y fáciles" simplemente por el hecho de admitir que disfrutamos del sexo. O también por ser sinceras acerca de lo que queremos y hemos hecho. Es increíble que en plena era de *Millenials*, este famoso siglo veintiuno en el que nos creemos de vanguardia y modernos, aún muchas mujeres nos sentimos incómodas compartiendo nuestros deseos en algunos contextos. Que tengamos que jugar el papel de "vírgenes inmaculadas" o difíciles, para ser consideradas virtuosas o dignas, moral y socialmente.

Tristemente aún hoy, en el año 2020, existen grandes titulares en revistas anunciando cómo equis o ye celebridad, mujer obviamente, se casó siendo virgen. Como si realmente esto hiciera más o menos a esa persona. Como si el público supiera lo que esto significa para ella, y sinceramente en mi concepto, es algo que realmente solo le debería importar a ella. Sin embargo, hoy en día parece que le interesa a toda la sociedad que compra revistas con este tipo de titulares. ¿Esto es la "sábana manchada de sangre" de otras épocas? Diferente formato, pero igüal de asqueroso y sobre todo ruin. Práctica en contra de las mujeres, de su privacidad y su cuerpo. Porque aún hoy a través de los medios esta cultura siente el cuerpo femenino como propiedad pública. Sobre el cual se puede juzgar y opinar como si le perteneciera a esa "sociedad" y no a quienes lo habitan.

El caso es que yo, una mujer de treinta y dos años que afortunadamente ha experimentado el sexo en todas sus formas y facetas. Sé por experiencia propia que hacer el amor es mucho más placentero que tirar (como decimos los bogotanos). He tenido la fortuna de tener sexo con una persona que amo profundamente. En la que confío. Con quien me siento libre, tranquila y cómoda. Además de darnos la libertad de conocernos, amarnos, consentirnos y experimentar a través del sexo. Lo que además de ser en mi concepto la forma más placentera de vivir la sexualidad, también es la más confiable y segura. Física y emocionalmente. Pues en esta situación tengo la tranquilidad de saber que esa otra persona se preocupa y vela por mi bienestar físico y emocional. Que está conmigo no como un "objeto de satisfacción" sino consciente de que soy un ser humano que necesita atención, cariño y pasión. Antes, durante y después del sexo.

También he estado en la posición en donde he usado y me han usado como esa persona para pasar el rato. Con quien satisfacer mi necesidad sexual a lo que yo llamo tirar. Está bien. No me arrepiento. Pero sinceramente hoy en día es una opción que personalmente no cumple con mis expectativas en ningún área. Ni siquiera para lo básico. Que debería ser para satisfacer el deseo sexual. Pues la falta de confianza hace que personalmente no sienta la libertad de hacer lo que quiero y cómo lo quiero. Además de cohibirme constantemente durante ese momento. Pues es una situación un poco compleja estar completamente desnuda físicamente, pero tratando de tapar y esconder mis inseguridades, miedos y dudas.

A esto hay que sumarle que generalmente, si nos estamos usando mutuamente, seguramente nos gustamos lo suficiente para tirar, pero no lo suficiente para que vaya más allá de eso. Entonces existe, por lo menos en mí, un sentimiento de ser insuficiente para la otra persona. Y como es mutuo también existe un sentimiento y pensamiento interno como el siguiente:

¿Estoy poniendo en riesgo mi cuerpo, mis emociones, y mis sentimientos por alguien que ni siquiera me gusta lo suficiente?

Ese cuestionamiento, en mi caso, lo pienso y lo siento durante el sexo. Lo cual ni siquiera me permite disfrutar de las sensaciones físicas que estoy experimentando en ese momento. Pero sobre todo después, y esa es la peor parte. Entro muy envalentonada como toda una mujer del siglo veintiuno diciendo que:

—No pasa nada.

—Es solo sexo.

—Hay que cogerla suave.

Pero es bien difícil, por lo menos en mi caso, darme cuenta de que efectivamente solo nos estábamos usando. Y que a ninguno de los dos nos interesa volver a hablar. A menos que otra vez estemos "veraneados" para tener nuevamente este encuentro.

A las mujeres, además, hay que sumarle el susto de pensar que si tal vez el condón se rompió. O si por los motivos que sean no usaron condón: tener que tomar la pastilla del día después, echarse la bendición y rogar a Dios que el hombre con el que estuve no tenga ninguna enfermedad de transmisión sexual. Y de paso que no haya quedado embarazada en un encuentro que no tenía ese objetivo.

Finalmente, es una transacción que hoy en día para mí no tiene ningún sentido. Es mucho más lo que siento que pierdo, a lo que siento que gano. Entonces:

—¿Qué hacer con todas estas ganas? —Si no tengo novio y no quiero tirar con cualquiera.

Aquí es donde entras tú mi querido Mr. Finger. Encontré en ti la solución a gran parte de mis problemas. Además de una exploración sexual personal que no había experimentado antes. Estudié en un colegio católico, en donde me decían que la masturbación "era pecado". Y hasta los veintinueve años (que hice un taller de tantra) me vine a enterar de que no. Que masturbarse no tenía nada de malo. Y que además era una forma de experimentar no solo mi sexualidad, sino mi espiritualidad. ¡Imagínate esa felicidad!

Desde ese momento comencé a explorarme. Conocerme. Y a entender que mi sexualidad es mía en primer lugar. Y que no necesito de nadie para experimentarla, conocerla y entregarme lo que necesito.

Y con esta nueva perspectiva estoy experimentando mi sexualidad. Con la dicha y tranquilidad de no correr riesgos de contraer enfermedades de transmisión sexual, uno de mis mayores miedos, o de quedar embarazada, cosa que hoy en día no hace parte de mis planes. Ya no estoy en la necesidad de fingir que no tengo sentimientos y que no me duele usar a alguien o sentirme usada. Tampoco necesito ocultar nada de lo que soy contigo mi querido Mr. Finger. Más bien me estás ayudando a descubrir un mundo de posibilidades.

Me estoy aprendiendo a conocer. A tener una sexualidad propia y desarrollada. Para aprender de mí y para mí.

Mientras tanto, tengo la tranquilidad de darme el espacio y el tiempo de esperar a "hacer el amor" (por más lobo que suene) y no sentir esa ansiedad que tuve antes de conocerte y experimentarte.

Contigo como aliado puedo darme el espacio para conocer, entender y elegir a la persona con la que quiero compartir, no solo mi cama, también mi alma, mi cuerpo y mis sentimientos.

Carta al viejo Rey

Recuerdo cuando te escribí la dedicatoria inicial del libro que hice pensando en ti.

Una noche en Florencia después de enterarme de que tu estado de salud estaba empeorando. Ese día sentí una inmensa nostalgia al no poder estar cerca de ti, y por eso, decidí emprender el proyecto de las memorias de mis cuatro abuelitos, contigo como inspiración.

Hoy vuelvo a ti, ya que vimos un vídeo en Youtube con mi papá acerca de la historia del pueblo: La Colonia del Sumapaz, en el municipio de Villarrica, Tolima. Donde creciste y viviste gran parte de tu vida. Allí donde conociste a mi abuelita. Estudiaste. Partiste en una travesía por la selva y de donde la violencia te sacó en el año de 1949.

Te recuerdo como un hombre supremamente sabio. Culto. Conocedor de la historia de Colombia como pocos. Tal vez gracias a ti es que le tengo amor a la historia, ya que contabas con tanta pasión los momentos que viviste, que era emocionante y cautivador escucharte en la sala de la finca, con los pajaritos de música de fondo y los árboles frutales como paisaje. Te escuché hablar del coronel Rojas

Pinilla, Laureano Gómez, Mariano Ospina entre otros presidentes de tu época. Nombres que son muy familiares para mí a diferencia del resto de personas de mi generación.

Además de tus historias, es muy lindo recordar tus carcajadas en las tardes de tragos. Tus dichos tan particulares como cuando alguna vez le dijiste a mi hermano:

—¡Eso! Hágase el marrano. Que yo me hago el cuchillo —después de que hizo alguna maldad.

Tus palabras raras y que nunca le escuché a nadie más como "religiosamente". Y sobre todo tu forma de ser: un hombre trabajador. Que se le medía a cualquier empleo. Que no se cansaba. Y que tampoco se quejó nunca, a pesar de las extensas jornadas de trabajo; o ya en tú vejez, de los dolores del cáncer que te mató.

Gracias a ti, aprendí a amar y a cuidar a la naturaleza. Pues en tu finca en Viotá, Cundinamarca, tuve la grata experiencia de recoger mandarinas, naranjas y mangos para estar comiéndomelos dos minutos después. Los limones no, porque me daba miedo, pues decían que habían encontrado una culebra allá. Y por este motivo mi abuelita siempre mandó a mi hermano a recogerlos para la limonadita del almuerzo.

Allí siempre tuvieron animalitos. Cómo olvidar a Buck, a María Paz y a Motas entre otros perritos que nos recibían con tanta alegría siempre que llegábamos a pasar vacaciones. El eterno Martín o Martina, los gatitos que mi abuelita siempre bautizaba igual. El lago al que íbamos a pescar. Plan que en ese momento me pareció aburridísimo, pero que hoy en día disfrutaría enormemente. Los pajaritos, a los cuales mi abuelita siempre ponía un plátano en la piedra frente a la cocina para verlos mientras ella preparaba una torta de pan o de yuca.

Gracias a la finca y a lo que viví allá con ustedes, me enfrenté a lagartijas, sapos enormes, bichos de todas clases, arañas de todos los tamaños. Entre muchos otros animales con los que muy pocas personas de la ciudad tienen interacción, y que muchos otros temen.

También aprendí que lo único que se necesita para ser una persona culta, es querer serlo. Pues a pesar de que solo hiciste hasta tercero de primaria, te convertiste en el técnico electricista del pueblo siendo aun un adolescente. Aprendiste a tocar instrumentos y dar serenatas, gran cualidad que enamoró a mi abuelita. Sabías historia de Colombia y el mundo. Y siempre fuiste una de las personas más cultas que he conocido en mi vida.

La lección que tal vez más valoro actualmente es: Echarle ganas a vivir. A pesar de los momentos tan difíciles que viviste, por mencionar algunos:

—Perderse en medio de la selva durante más de treinta días.

—Tener que huir de tu querido pueblo por la violencia entre conservadores y liberales.

—Que tu primer hijo hombre, Gilberto, muriera teniendo solo ocho meses.

—Salir de tu jornada como operario de Acerías Paz del Río para montarte en un taxi y seguir dándole.

Entre muchos otros sacrificios que seguramente callaste. Pues eras de temperamento humilde. Sin ninguna intención de victimizarse o enaltecerse. Simplemente fueron las circunstancias que elegiste o te tocó vivir. Y las enfrentaste con entereza. Manteniendo una familia de ocho, incluyendo a Kenny el perrito. Y como bien me dijiste una noche en Barichara:

—Nunca les faltó un pan en la mesa. Ropa que vestir. Libros con qué estudiar. Y su regalito de navidad —Algo que te hacía sentir supremamente orgulloso.

Finalmente envejeciste. Ya en tu época de pensión en el año 1986 en la finca de Viotá. Que según mi abuelita se llamaba "Las Tres Palmas". Yo te veía religiosamente levantarte muy temprano a tu rutina campesina: Darle de comer a las gallinitas y a los pescados. Después te ponías a guadañar o arreglar los árboles frutales, mientras mi abuelita preparaba el desayuno, además de lidiar con nosotros, que cuando no estábamos peleando, nos zambullíamos en la piscina que tú nos construiste. Desayunábamos juntos y volvías a tus labores. Ya en la tarde después de almorzar, te sentabas en la sala de la casa a tomarte unos whiskys con mi papá, mis tíos y tías para hablar de política, que generalmente terminaba en pelea con mi papá. Y en la noche la rutina consistía en ver el noticiero y las novelas que solo nos perdíamos cuando estabas entonadito.

Allí tuvimos que vivir la situación política del país. Pues en los gobiernos de Samper y Pastrana, Viotá se volvió zona roja dominada por la guerrilla de las Farc. Lo que hizo que ese pueblo tan lleno de vida al que yo estaba acostumbrada, ahora solo estuviese lleno de silencio y miedo. Ya nadie iba a tomarse unas cervezas a las tiendas de la plaza. Ya no había ferias de artesanías ni vida nocturna. Solo se podía comprar cerveza Polar y gaseosa Sol. Los únicos productos que la guerrilla dejaba entrar al pueblo. Alguna vez nos contaste cómo en esa época a un señor del pueblo le habían quemado el carro solamente por traer de Bogotá varias cajas de Coca Cola para vender en su tienda.

Fueron momentos muy difíciles. Porque nuevamente la violencia estaba afectándote directamente. Ya que tus nietos e hijos dejamos de ir a la finca por miedo a las pescas milagrosas. Y así como se apagó la vida en el pueblo se apagaron las celebraciones en la sala de la finca bailando, riendo y tomando, situación que te mortificó mucho. Ya que si había algo disfrutabas era tenernos a todos reunidos para celebrar una navidad o un año nuevo con el respectivo asado al otro día. Los primeros de enero con asado celebrando esa fecha del año 1926 en el que nos diste la gran fortuna de llegar a este mundo.

Llegó el Gobierno de Uribe. Primeras elecciones en las que votaste en contra del partido liberal por la gran decepción que te había traído el Gobierno de Samper. Y la situación comenzó a mejorar. Viotá volvió a florecer. Nuevamente se podía encontrar cerveza Bavaria y productos Coca Cola. Entre muchos otros que hacía tanto no se veían en el pueblo. Y con ellos todos volvimos a las Tres Palmas. Se revivió la celebración de la navidad, del Año Nuevo y el asado de celebración de tu cumpleaños. Las dormidas en colchones por lo llena que estaba la casa –situación que a ninguno incomodaba– los postres, la comida y juegos de todos los primos en la piscina.

Además de pasar nuestras vacaciones allí. Comiendo arepitas y arroz con leche de lo lindo entre otros manjares con los que la abuelita nos consentía. Nuevamente jugábamos parqués con ella, mi prima y mi hermano, juegos que pocas veces podíamos terminar, debido a sus rabietas de mal perdedor, porque se iba o porque tiraba al piso todas las fichas. Esperar media hora después de desayunar o almorzar impacientemente para poder meternos a la piscina. Escuchar tus anécdotas de política o historia. Y las novelas de la noche. Puedo decir que tuve una niñez hermosa. Llena de risas, peleas, naturaleza, historia y comida rica.

Tu estado de salud comenzó a deteriorarse y ya no te quedaba tan fácil salir a guadañar la "finquita" –una forma muy tierna de llamar un terreno de tres hectáreas– que mantenías tú solo. Y con mucho remordimiento tuviste que ponerla en venta para irte a vivir a Anapoima con mi abuelita y tía Nohora. Un lugar más cercano a Bogotá. En una casa con un terreno más pequeño y más cerca del pueblo, por si acaso. Allí volvimos a pasar vacaciones hasta que decidieron que lo mejor era que vinieras a vivir a Bogotá por tu salud. Contigo aquí pasamos más tiempo juntos. Y fue en esta época en donde comenzamos a viajar a diferentes pueblos. En uno de esos paseos, en la plaza de Tibasosa en Boyacá, me relataste la historia de tu vida mientras yo te grababa con la cámara filmadora de mi papá, dándomelas de periodista.

Por esta época compraste tu primer carro 0 km. Un Chevrolet Spark que no pudiste manejar ya que el *clutch* era demasiado suave para ti, acostumbrado a manejar carros viejos y duros. Debido a que no lo pudiste sacar del concesionario yo tuve que manejarlo hasta la casa y en el camino, sin querer, cogí un hueco enorme que había en la vía. Situación de la cual salió esa gran frase tuya, que aún hoy en día nos hace reír:

—¡Ya se petaqueó el carrito!

Y así, vivimos contigo el día a día. Tomábamos onces los fines de semana antes de que saliéramos con los respectivos novios de adolescencia. Celebrábamos los cumpleaños de la familia en tu apartamento, punto de encuentro para todos. Y fue durante este tiempo que decidí hacer mi último semestre de universidad en Italia, decisión que celebraste y apoyaste.

Estando allá, fue cuando me enteré de que tu estado de salud había empeorado. Lo que nos lleva al principio de esta carta. En ese momento como estaba lejos y no podía estar contigo, decidí comprar postales de todos los lugares que visitaba para mandártelas, y que de alguna forma nos acompañáramos mutuamente durante mi estadía en Europa. Mi papá las recibía y te las leía. Decías que era tu mejor medicina.

Pasaron los meses. Yo terminé el semestre. Aproveché para dar una vuelta por Europa, pero estando en España mi papá me llamó a decirme que me devolviera, pues estabas muy mal de salud y él creía que tú nos estabas esperando a mí y a mi hermano para despedirte. Al día siguiente tomé el primer vuelo a Colombia. Gracias a Dios nos pudimos despedir.

Al verme no dijiste nada. Solo miraste al cielo dando gracias con un gesto en tus manos y te volviste a dormir. Yo solo pude acostarme a tu lado, cogerte las manos y darle gracias a Dios por poder estar ahí contigo y acompañando a mi papá en este momento tan difícil. Pocos días después te nos fuiste. Dejándome un vacío enorme, pero con la tranquilidad de haberte acompañado durante estos últimos meses de vida a través de mis postales y físicamente en tus últimos días.

Hoy en día me acuerdo de ti. De todo lo que nos enseñaste y de todos esos lindos recuerdos que aún conservo. Dándote gracias por enseñarme a ser un buen ser humano. A cuidar a quienes me rodean. A apreciar todo lo que mis papás me dan día a día. Y a amar la vida a la que tú te aferraste ochenta y cinco años.

Analogía entre el fútbol y el amor

¡Otro gol hijueputa!

Entre risas burlonas y movimientos de victoria celebra mi padre. Como si él hubiese sido quien le pegó a la pelota para que entrara al arco de ese equipo catalán con quien cazó una enemistad eterna.

Coutinho acababa de marcar el octavo gol en el partido de cuartos de final de la Champions League del Bayern contra el Barcelona. Y yo no entendía por qué este jugador no celebraba. Mi papá me contó que ese jugador había sido cedido al Bayern por parte del Barcelona y por eso estaba en una posición difícil.

Por algún motivo me sentí identificada con él. Pues muchas veces he metido "goles" que no he celebrado. No porque no pueda, básicamente porque no me dan ganas. Y mi cabeza comenzó a recorrer uno de esos caminos enredados en el cual por algún motivo conectó ese instante del fútbol europeo con mi vida amorosa.

Y esta es mi reflexión acerca de esas conexiones chistosas que le da por hacer a mi cabeza de vez en cuando:

En el juego del amor arranqué sin conocer las reglas. Me enamoré perdidamente sin saber qué era lo que realmente sentía. Me enamoré de muchos amigos y niños del colegio. En realidad, era un gusto profundo hacia la forma en la que yo los había idealizado en mi cabeza.

Hasta ese momento no sabía que el amor solo se da cuando el sentimiento es mutuo. Sin embargo, lloré mis ojos al enterarme de que esa traga, la que más me gustaba, se había cuadrado. A esta etapa la podría llamar: partidos de barrio. Pues no sabía muy bien lo que estaba haciendo. Pero ahí estaba. En el campo de fútbol dando patadas a lo que se me atravesaba y sobre todo corriendo detrás del balón sin saber muy bien el objetivo.

Gracias a Dios como buena adolescente ese sentimiento se trasladó rápidamente a otro personaje. Y en ese caso la traga fue mutua. Esta sería mi escuela. Ya que fue ahí donde aprendí lo que hoy sé de este juego del amor. Y como bien lo dije antes, yo en ese momento no tenía idea de cómo se debía jugar. No sabía coquetear. Mucho menos conquistar a alguien y al parecer mi nueva traga tampoco. Todo nuestro proceso de conquista, si así se le puede llamar, se dio entre fiestas y borracheras púberes de las que hoy todavía se burlan los que nos vieron. Aun así, a pesar de nuestro gran desconocimiento del cómo, cuándo y qué del amor, nos enamoramos.

Fue un primer amor espectacular en donde siento que realmente conocí lo que es amar a una persona. Además, aprendí muchas lecciones y reglas de este juego que para mí hacían mucho sentido:

Reglas: El que se enamora, gana.

1. El respeto es indispensable. Y por este motivo es muy importante ser claro y explicar lo que uno quiere o lo que le molesta.

2. Amar sin ponerse límites. Y sobre todo que la otra persona sea consciente y tenga claro esa efervescencia, ganas, amor y cariño que le genera a su pareja.

3. Luchar por la relación. Entender que somos seres humanos, que todos la cagamos y que debemos aceptar los errores de los otros. Perdonar y seguir adelante sin resentimientos.

4. Cuidar los sentimientos y emociones de mi pareja. Mis acciones lo pueden afectar profundamente y en la medida en la que nos cuidamos mutuamente vamos a estar seguros y tranquilos.

Estas entre muchas otras lecciones que me dejó esta linda escuela del amor que me tocó vivir.

Nuestra relación terminó después de siete años. Podría decir que me gradué con honores. Ya era toda una profesional en el amor, según yo pensaba. Pues había sido de las pocas personas de mi edad que había logrado mantener una relación tan bonita durante tanto tiempo. Pero tengo que confesar que me dio duro salir de ahí. Me quede sentada en la banca durante dos años viendo al resto jugar. El miedo a perder no me permitía salir al campo. Pero por fin tuve las ganas suficientes de entrar. Me levanté, me sacudí y entré nuevamente a este juego llamado amor.

Lista. En mi posición de juego sonó el pito y comencé mi nuevo partido. Comenzó muy bien, pero a eso de los primeros cinco minutos, me comenzaron a hacer: ¡Unas jugadas! y a meter ¡Unos goles! que no me daba cuenta cómo o cuándo me los hacían. Haga de cuenta a Messi viendo meter los goles al Bayern en ese fatídico partido.

¡Me metieron una goleada monumental!

Pero ¿Si yo había jugado con las reglas que había aprendido en esa escuela?, ¿qué me pasó?

Definitivamente no me habían funcionado. Y claramente perdí. Salí con el corazón roto. Tragadísima y sin una explicación clara del por qué me había involucrado tanto con alguien que ni siquiera había sido mi novio. Relación que además me lleno de inseguridades, desconfianza y miedo hacia las relaciones.

Así fue como me enteré de que, en el juego del amor, había dos estilos de juego:

1. El que se enamora, gana.

2. El que se enamora, pierde.

Yo estaba jugando al primero, pero me enfrenté al segundo. El bien llamado y tan popular estilo de jugar: “El que se enamora, pierde". Evidentemente yo tenía todas las de perder.

Hoy entiendo que en los partidos de este juego llamado amor, las dos personas que están en el campo deben estar jugando con el mismo estilo para no salir lastimados.

Y a punta de goles comencé a entender esta nueva forma de jugar. Que no me estaba gustando ni poquito. Pero aun así aprendí las reglas.

Reglas: El que se enamora, pierde.

1. Debes ser lo más difuso y "gaseoso" posible con tus acciones. Él no puede saber lo que realmente sientes.

   1.1. Si no te gusta lo suficiente, es bueno que no lo sepa para tener ese arrocito en bajo ahí. Por si acaso.

   1.2. Si te gusta demasiado: muchísimo menos lo debe saber. Porque quedas en evidencia y se alejará por tu intensidad o tu excesivo interés que hoy en día no es normal.

2. La claridad es una desventaja.

   2.1. Si te molesta algo, te haces la que no te importa. Y se la devuelves de una forma difusa y desinteresada.

   2.2. Es importante mantener ese halo de misterio tan importante en este estilo de juego.

3. ¡Nunca! ¡Jamás de los jamases! Permitas que la otra persona sepa que te enamoraste.

   3.1. No se te ocurra dedicarle una canción, porque ¡qué lobera!

   3.2. Mucho menos un poema o una obra de arte porque de verdad no es necesario.

   3.3. En general cualquier acción que lo haga sentir valorado o apreciado queda terminantemente prohibida. Grave sería que supiera que estás comenzando a sentir cosas por él.

4. Tú actúa fría, como Elsa la de Frozen.

   4.1. Entre más desinterés y frialdad demuestres, mejor.

5. ¡No te preocupes por los sentimientos del otro!

   5.1. En este estilo de juego cada quién es responsable de lo que se permitió sentir.

   5.2. Haz lo que se te venga en gana. Es más, juega con los sentimientos del otro.

   5.3. Tip: Desaparece días sin explicación alguna. Después vuelve a hablar como si nada.

6. Hay que mantener al otro en la cuerda floja.

   6.1. Así te estés muriendo por escribir. Quieta.

   6.2. Deja que él te escriba primero.

6.3. Mejor aún si te pregunta ¿Qué pasó? Tú respondes fingiendo demencia. Así corroboras que lo tienes justo donde debe estar.

7. Siempre existe alguien mejor. Si este no cuaja, para eso tenemos nuestros arrocitos en bajo.

8. No luches. No te esfuerces. No trates de entender a la otra persona. ¿Para qué? Si hay tanto pez en el agua.

9. Cuando tus sentimientos te comiencen a traicionar y a ponerte a hacer locuras como:

    9.1. Hablar claro acerca de lo que no te gusto (Grave error).

    9.2. Decirle lo que realmente sientes por él (Gravísimo error).

    9.3. Hacerlo sentir apreciado con algún gesto (Nagh, apague y vámonos).

    9.4. Entre muchas otras locuras. Tienes que salir corriendo.

    9.5. Bloquea a este personaje. Y nuevamente a fingir demencia hasta que salgas de ese estado de locura y descontrol al que te llevaron tus emociones y sentimientos.

Dejo ahí por no continuar con una lista interminable de reglas. Un estilo de juego mucho más complicado y difícil de entender. Que aprendí después de dos partidos de los que salí llena de faltas, tarjetas rojas, jueces en mi contra y moretones. El primero siendo una clara perdedora. El segundo...

—¡No señores, vencedora a mucho honor!

Bueno, pensándolo bien sin tanto honor. Pues, así como Coutinho, salí sin ganas de celebrar los goles y la victoria en ese partido jugado con estas nuevas reglas.

Inicié el que sería ya mi tercer partido "profesional": nuevamente posición lista. Nuevas reglas aprendidas. Tácticas y jugadas memorizadas. Entrenamientos previos completados a satisfacción. Y con el gran orgullo de haber ganado mi partido anterior. ¡Iba con toda! Por lo menos a sacar un empate. Con la gran sorpresa que mi contrincante llegó a jugar con las reglas del juego que aprendí en mi escuela.

—Yo jugando a que él no me importaba.

—Él siendo directo y claro acerca de sus intenciones conmigo y todo lo que yo le importaba.

—Yo jugando a la cuerda floja con él.

—Él solo me entregaba bases firmes y un terreno sólido en el cual jugar.

—Yo evitando demostrarle lo que sentía.

—Él haciendo todo lo que estuviera en sus manos para hacerme sentir valorada, apreciada y amada a pesar del corto tiempo juntos y la distancia que nos separaba.

¿Qué paso? Me volvieron a golear.

Pero esta vez no fue un sentimiento de perdedora lo que me quedó cuando terminó el partido. A pesar de que me habían hecho mil goles salí con una sensación de seguridad, tranquilidad y valor propio. Raro. Pero así terminó mi segunda goleada en el amor. A la que hoy en día no puedo llamar derrota.

Ya para mi cuarto partido, yo sinceramente estaba un poco desconcertada y confundida. Para este punto estaba segura de que el único estilo que realmente existía era: "El que se enamora, pierde". Ya que después de un par de amistosos y varios entrenamientos la estadística favorecía abrumadoramente este estilo de juego, con sus respectivas reglas.

Tomé mi posición porque se me venía el siguiente partido. Repaso mentalmente las reglas. El juez pita y arranca mi nuevo juego. Nuevamente comencé a recibir goles. Resulta que en este partido mi contendor nuevamente me jugó sucio. Jugó con las reglas de "El que se enamora, gana".

La verdad es que aquí quede desubicada. Este partido se me salió de control. Aquí no se respetaban límites, reglas, tiempos ni opiniones. Ya todo se había ido p'al carajo y extrañamente yo estaba feliz, enamorada, confiada y segura. Terminó el partido y quede más perdida que el hijo de Lindbergh.

Por ahora estoy como James. En la banca eterna –cuando escribí esta carta aún no lo había comprado el Everton–.

Sin saber si quiero o no volver al campo de juego. A veces entro a dar un par de pases y después de dos minutos pido cambio o simplemente salgo corriendo del miedo. Pues si bien la vida me ha demostrado que el estilo más popular es: "el que se enamora, pierde" y al que todos parecen jugar. No es un juego que realmente yo disfrute.

En gran medida porque soy pésima jugándolo. Mando los pases a donde no deben ir. Me hago autogoles constantemente y no sé hacer saques de esquina. Parecería como si con estas reglas estuviera condenada a perder. Que realmente es lo de menos. A lo que realmente le tengo mucho miedo es al sentimiento cuando el partido termina.

En cambio, las reglas que sí me gustan y el estilo que creo jugar con maestría, es el de mi escuela. El de mi primer amor. Ese juego que he jugado en dos partidos profesionales en mi vida. En donde disfruto sentirme valorada, apreciada y querida. Además de hacerle sentir a la persona con la que estoy esos mismos sentimientos.

Aprecio enormemente las certezas, el terreno firme y la claridad, pues soy pésima leyendo entre líneas y haciendo suposiciones. Creo que soy la peor representación de Elsa que puede existir en el universo. Ya que mi espontaneidad y desparpajo no me permiten fingir, omitir o esconder lo que siento por otra persona. Además de ser terrible en el rol de "fingir demencia", ignorar y jugar con los sentimientos de alguien. Sobre todo, si esta persona me interesa.

Y entonces, ¿Cómo voy en este torneo del amor? –si así lo puedo llamar, ya que me fui por el lado del fútbol– La verdad querido lector, ya ni sé. Estoy confundida. Pues por más que intento adaptarme a las reglas del segundo estilo, de verdad que no me gustan y no me entran. Pero no parece tan fácil encontrar contrincantes que jueguen con las reglas que disfruto y que aprendí en mi escuela.

Tampoco sé si soy afortunada o desafortunada. Sin embargo, en medio de toda deliberación futbolera entiendo que no quiero, ni me conviene jugar a lo que no sé y no me gusta.

Además, que analizando mis partidos anteriores, creo que realmente nunca aprendí a jugar al segundo estilo y, siendo muy sincera, siento que realmente ya no quiero aprenderlo. Pues poco o nada me interesa sentirme en la cuerda floja. Tampoco quiero sentir a mi pareja como un contrincante del que no debo dejarme hacer goles. Y eso es lo único claro que tengo en esta banca del amor mientras veo jugar el partido de otros.

Diatriba a *Hawái* de Maluma

Maluma, un hombre de 26 años. Uno de los cantantes colombianos que ha llenado estadios en el mundo entero. Que ha ganados múltiples premios de la industria de la música. Y que ha cantado con personajes como Madonna, Ricky Martin y Marc Anthony.

Un chino guapo, carismático, trabajador y talentoso. Más paisa que la arepa y, en mi concepto, el mayor mérito: el único reguetonero que ha logrado gustarle a los más adultos de mi familia.

Recuerdo a toda mi familia (tíos, primos, abuelita, niños) el pasado veinticuatro de diciembre, cantando, podría decir que, casi gritando de euforia, su canción: Felices los cuatro. La canción que logró levantarnos a todos de nuestras sillas y prender la fiesta de navidad. Después, uno de mis tíos pidió Tú me partiste el corazón, con entonación y todo, y así bailábamos y cantábamos sus canciones durante gran parte de la noche.

Maluma tiene la habilidad, por lo menos en mi casa, de unirnos a viejos, adultos y niños en una fiesta y gracias a su música se solucionaron las peleas entre las generaciones familiares que no soportaban los gustos musicales entre unos y otros.

Personalmente uno de mis cantantes favoritos. Tengo que decir que disfruto –mis amigas rockeras dirían que demasiado– sus canciones, sus letras, su voz y por supuesto su *flow.* También debo reconocer que me parece un hombre supremamente atractivo. Confieso que tuve que dejarlo de seguir en Instagram pues sus posts, a mi modo de ver infantiles y un poco narcisos, estaban haciendo que perdiera una fan. Escasas entre esta generación de *Millenials*, que se jacta de escuchar "música de verdad" como Queen, Depeche Mode o para los más autóctonos, Andrés Cepeda.

En todo caso, dejé de seguirlo en Instagram hasta que comenzó su relación con Natalia Barulich, protagonista de uno de sus videos musicales. Yo estaba embelesada con esa relación. Pues además, de todas las razones por las que admiro a Maluma, tengo que confesar que Natalia me parecía una de las mujeres más lindas de la industria de la moda. Me encantaba porque era una modelo sin miedo a mostrar sus curvas, abundante y hermosa en cada pose, mirada y movimiento, contrario a lo que se había impuesto en las pasarelas, en donde las modelos parecían ganchos para colgar ropa.

Comencé a seguir su historia de amor en Instagram y realmente sentía mucho aprecio por una pareja tan linda y talentosa –increíble cómo se involucra uno en la vida de dos personas que no conoce– hasta que llego el día de su ruptura. Me dio risa nerviosa, porque me enteré tarde y me tocó comenzar a buscar en sus redes y en internet qué había pasado. Me enteré de que simplemente habían terminado y que parecía como si Natalia ahora estuviese saliendo con Neymar, uno de los crack del futbol mundial. Otro chino lleno de talento y la contratación más costosa en la industria del fútbol por el equipo PSG de Francia. No encontré mucha información en Youtube y Google en medio de ese apetito chismoso que tenía por saber qué habían dicho Maluma y Natalia acerca de su ruptura.

Y como mandada del cielo para saciar esta sed de chisme, Maluma sacó su canción *Hawái.* A mi parecer una canción con nombre propio. Comienza por Na y termina talia. Una canción sentida, de despecho y con rabia por supuesto. Pero, "pidiendo cacao" a ese amor que se fue y que además encontró un nuevo amor. Envuelta en esta película mediática de amor y desamor en la que caí redondita y sin ninguna resistencia, me dejé llevar por mi imaginación. Y ya que aprendí la letra de la canción de memoria, quise pensar e inventar cuál podría ser la respuesta de Natalia a esta canción. Poniéndole de título una palabra rimbombante e intelectualoide que conocí esta semana en el taller de escritura que estoy tomando para darle un poco de sentido, técnica y estructura a este proyecto.

A continuación, encontrarán la letra de la canción de Maluma. Con mi respuesta a cada una de sus estrofas.

Poniéndome en la posición de quién escucha la canción y sabe que evidentemente es para ella.

Hawái de Maluma

Estrofa:

Deja de mentirte (ah)

La foto que subiste con él diciendo que era tu cielo

Bebé, yo te conozco tan bien, sé que fue pa' darme celos

No te diré quién, pero llorando por mí te vieron

Por mí te vieron.

Respuesta:

No te estoy mintiendo,

La foto que subí con él diciendo que era mi cielo,

simplemente puse ese caption *tal vez,*

Porque antes estaba viviendo un infierno,

Pues claro que lloré por ti,

Es normal cuando uno realmente quiere a alguien,

Parece que tú aún, no entiendes eso.

Estrofa:

Déjame decirte

Se ve que él te trata bien, que es todo un caballero

Pero eso no cambiará que yo llegué primero

Sé que te va ir bien pero no te quiere como yo te quiero.

Respuesta:

Déjame decirte,

Claro que me trata bien y es todo un caballero,

Eso precisamente,

fue lo que tú no entendiste que yo merezco,

Y es que como tú me quieres, no es lo que yo anhelo.

Coro:

Puede que no te haga falta na', aparentemente na'

Hawái de vacaciones, mis felicitaciones

Muy lindo en Instagram lo que posteas

Pa' que yo vea cómo te va, pa' que yo vea.

Respuesta:

Todavía hay cosas que me hacen falta,

Muchas más, pero en esa lista tú ya no estás,

Yo no posteo na´pa que tu veas,

Tu eres quien está cantando una canción,

Pa´que te vea, pa que yo te vea.

Estrofa:

Miéntele a todos tus seguidore'

Dile que los tiempo' de ahora son mejore'

No creo que cuando te llame me ignores

Si después de mí ya no habrá más amores.

Respuesta:

No le estoy mintiendo a mis seguidores,

Efectivamente los tiempos de ahora son mejores,

¿Después de ti no habrá más amores?

Dejá la llamadera y superálo ya pues.

Estrofa:

Tú y yo fuimo' uno

Lo hacíamo' en ayuna' antes del desayuno

Fumábamo' la hookah *y te pasaba el humo*

Y ahora en esta guerra no gana ninguno.

Respuesta:

Él y yo, somos uno,

lo hacemos en ayunas y después del desayuno,

jugamos en la cama y viajamos por el mundo,

Y en esta relación no existe guerra pa´ningúno.

Estrofa:

Si me preguntas, nadie tiene culpa

A vece' los problemas a uno se le juntan

Déjame hablar, porfa, no me interrumpas

Si te hice algo malo, entonces discúlpame

La gente te lo va a creer, actúas bien ese papel

Baby, pero no eres feliz con é.

Respuesta:

Maluma, esto no es de echarse culpas,
A veces el amor se va sin preguntas,
Puedes hablar y acepto tus disculpas,
Y eso es lo que no has querido entender,
Que no estoy actuando,
Y que sí soy feliz con él.

No estoy dispuesta

Tiro el celular de mala gana en el sofá. Me muero de rabia por dentro.

Quiero seguir peleando, pero esta persona me importa tanto que sé que seguir enganchada es simplemente seguir hiriéndonos. Entonces dejo así.

En estos momentos es fácil darse cuenta de lo permisiva que he sido con respecto a las opiniones que he estado dispuesta a recibir por quienes me rodean. La mayoría de las opiniones y comentarios nacen desde el amor mutuo que existe, sin embargo, hay algunas conversaciones que duelen profundamente, a veces por el qué, otras veces por el cómo.

Pero la gran mayoría de veces lo que más duele es de dónde vienen esas opiniones y comentarios.

Es muy difícil explicar o siquiera entender ese dónde. Sin embargo, es facilísimo de sentir. Y cuando uno recibe una opinión o comentario de una persona, se siente exactamente de dónde viene. La gran mayoría de veces como lo dije antes, vienen desde la empatía, la comprensión, el amor y cariño sincero. Pero para algunas otras el origen real suele ser:

No puedo manejar este dolor/ ira/ frustración/ vergüenza que estoy sintiendo y mi mejor forma de solucionarlo es generándole ese mismo sufrimiento a quienes me rodean.

Desafortunadamente lo hacemos con las personas más cercanas y con quienes más nos quieren.

Todos hemos caído ahí. Personalmente, millones de veces. Y uno se justifica. Cree que no es así. Cree tener la razón, fundamentos claros y razones suficientes para decir lo que dijo.

Hasta que logra mirarse en un espejo y darse cuenta de que simplemente estaba compartiendo su propia basura emocional. Muchas veces disfrazado con un "te lo digo porque te quiero", "te lo digo porque me importas" o "No te lo tomes personal". Frases de cajón que simplemente tratan de ponerle algo de perfume a toda esa basura que acaba de recibir el que está al frente.

Ahora, ¿Qué puedo hacer después de recibir este comentario que claramente no viene de ningún lugar bonito del interior de esa otra persona? Lo he manejado de diversas formas:

1. Contra-atacar: hacer una guerra de basura emocional hiriéndonos mutuamente hasta que alguno de los dos no es capaz de recibir más basura.

2. Recibirlo y hacer un efecto cascada: recibo ese comentario y descargo ese mismo sentimiento en otra persona diferente a la que me lo hizo sentir. Así hacemos una cascada de golpes y heridas entre nuestro círculo cercano.

3. Recibirlo y quedármelo: me lo quedo para mí. No lo comparto. No lo digiero. Y no lo uso a mi favor. Simplemente lo dejo ahí para darle vueltas. Una y otra vez, una y otra vez, una y otra vez. Por días, meses o años. Una de las prácticas más peligrosas por los efectos físicos y emocionales que puede generar.

4. Recibirlo, analizarlo y transmutarlo: lo recibo. Siento de dónde viene. Trato de entender los sentimientos que me genera y en la medida que los voy entendiendo voy resolviéndome internamente. Esto es a lo que personalmente llamo transmutar. En donde utilizo ese sentimiento negativo llámese, dolor, ira, vergüenza o frustración; trato de comprender por qué lo estoy sintiendo y si hay algo que deba cambiar en mí o en mi entorno para que la próxima vez que me hagan un comentario parecido, no me duela tanto como esa primera vez.

O como me está pasando actualmente: pasar por todas las anteriores en forma de etapas. Proceso por el cual creo haber llegado al final con esta carta. Pues esos sentimientos se desvanecieron y simplemente me quedan los aprendizajes. Que se resuelven en este ejercicio de reflexión en donde entendí que había cosas a las que estaba dispuesta antes, y que ahora no:

—No estoy dispuesta a pedir permiso para ser quien soy.

—No estoy dispuesta a volver a rechazar mi cuerpo.

—No estoy dispuesta a volver a aceptar comentarios y opiniones con respecto a lo que debería hacer con mi cuerpo, mi mente y mi vida.

—No estoy dispuesta a someter mi autoestima a las opiniones de otros.

—No estoy dispuesta a tener miedo por no cumplir con las expectativas de otros.

—No estoy dispuesta a sentir que soy inadecuada.

—No estoy dispuesta a sentir vergüenza por cómo me veo y por lo que digo.

—No estoy dispuesta a permitir que otros me usen como basurero emocional.

—No estoy dispuesta a permitir que el exceso de confianza me derrumbe.

—No estoy dispuesta a reprimir mis talentos por miedo al qué dirán.

—No estoy dispuesta a no contar mi historia.

—No estoy dispuesta a seguir temiéndole al rechazo.

—No estoy dispuesta a ocultar quien realmente soy.

Entre muchos otros "no estoy dispuesta a..." que seguirán apareciendo en este camino que inició el día que me cansé de pelear con mi cuerpo. Que continúa y seguramente continuará recorriendo todos esos pequeños rincones de mi alma a los que tanto miedo me da acercarme y que se activan con cada conversación u opinión que recibo. Por lo que escribo, hago, siento o digo.

Rincones que develan mi alma, mi historia y mis sentimientos. Representados en un laberinto obscuro y difícil que yo misma construí. En el que la escritura y esos espejos que se me aparecen todos los días en forma de personas, conversaciones y situaciones han funcionado como antorcha para iluminar, ver, entender y sanar todo eso que decidí esconder.